Dr. A. Gutmann

Inventarerrichtung.

Die Inventarerrichtung nach den §§ 1993 ff. des BGB.

Ein Rechtsbehelf bei zweifelhafter Nachlaßsolvenz.

Dargestellt von

Dr. Alfred Gutmann

Notariatspraktikant.

= **2. neubearbeitete Auflage.** =

1910

München und Berlin

J. Schweitzer Verlag (Arthur Sellier).

Druck von Dr. F. P. Datterer & Cie., G. m. b. H., Freising-München.

Inhaltsübersicht.

I. Teil. Einleitung.

II. Teil. Die Inventarerrichtung im Bürgerlichen Gesetzbuch.

I. Abschnitt. Im Allgemeinen.

II. Abschnitt. In einzelnen besonderen Fällen.

III. Teil. Internationales Privatrecht.

Literatur.

Hand- und Lehrbücher des bürgerlichen Rechts: Mathiaß 3. Aufl., Buchka 3. Aufl., Müller-Meikel 2. Aufl., Engelmann 2. Aufl., Cosack 1904, Dernburg 2. Aufl., Enneccerus-Lehmann 2. Aufl., Endemann 7. Aufl. III. Bd., Neumann 1905 II. Bd., Fischer-Henle 8. Aufl., Landsberg 1904.

Kommentare zum BGB.: Planck 3. Aufl. V. Bd., Staudinger 3. u. 4. Aufl. V. Bd., Kuhlenbeck 2. Aufl., Frommhold 1900, Wilke 1900.

Systematische Darstellungen des Erbrechts: Strohal 3. Aufl. II. Bd., Binder 1903, Böhm 2. Aufl., Mayer-Reis 1902 II. Bd.

Spezialliteratur über Erbenhaftung: Wendt Arch. f. d. ziv. Pr. Bd. 86, Jaeger 1898, Goldenring DJZ. 1899, Hermann Meyer 1904, Beuster Diss. Rostock 1902, Schefold Diss. Tübingen 1902, Oesenstätter DNotZ. 1899, Schöller SeuffBl. 1899, Singer ebenda, Rüger Sächs. Arch. 1899, Wilke Veröffentl. d. Berl. AnwV. IX. Heft, Claußen Diss. Erlangen 1896, Eccius Gruch. Beitr. Bd. 43, Münchmeyer 1899, Kulmey Diss. Rostock 1897, Martin 1909, Paech Diss. Greifswald 1906.

Einzelabhandlungen aus dem Erbrecht: Meyer SeuffBl. Bd. 70, Bingner Sächs. Arch. Bd. 5, Böhm Gruch. Beitr. Bd. 42, Planck DJZ. 1899, Weißler: D. d. NachlVerfahren 1900, Unzner Krit. Vierteljahrsschr. Bd. 41, Goldmann Gruch. Beitr. Bd. 43, Borcherdt: Erbr. u. Nachl.-Behandlg. 1901, Hagen Jherings Jahrb. Bd. 42, Butzky Diss. Greifswald 1901, Carlebach DNotZ. 1903, Kreß: Erbengemeinschaft nach BGB., Burhenne Diss. Rostock 1903, Krug Jherings Jahrb. Bd. 49, Niese Arch. f. bürg. R. Bd. 30, Knitschky Arch. f. d. ziv. Pr. Bd. 91, v. d. Pfordten: Behandlg. d. Nachl. v. Ausländern, Niemeyer: D. internat. PrivR. des BGB. 1901.

Vorträge über das BGB.: Hachenburg 1. u. 2. Aufl., Eck 1890 III. Bd.

I. Teil.

Einleitung.

§ 1. Erbenhaftung und Nachlaß-Inventar in den älteren Privatrechtssystemen.

1. Im griechischen Rechte bildete die Gesamtnachfolge den Ausgangspunkt der unbeschränkten attischen Erbenhaftung. Mehr als in irgendeinem andern Privatrechtssystem stellte im griechischen Rechte der Erbe die Person des Erblassers dar. Der Erbe haftete für die Verbindlichkeiten seines Erblassers sowohl gegen Private als gegen den Staat, ja er war sogar verpflichtet, in die Passivprozesse seines Erblassers einzutreten,[1]) uti enim quaedam officia ad heredes a defuncto pertinent, ita. . . Die Erbenhaftung des attischen Rechtes war grundsätzlich unbeschränkt und unbeschränkbar. Eine Nachlaßinventur zum Zwecke der Haftungsbeschränkung war dem griechischen Recht fremd.

2. Nach der Grundauffassung des römischen Erbrechts trat mit dem Erbgange eine Rechtsnachfolge in die ganze vermögensrechtliche Persönlichkeit des Erblassers ein, dessen sämtliche Rechte und Pflichten in der Person des Erben fortdauerten (l. 37 D. 29, 2), und zwar unter völliger Vermischung mit dem eigenen Vermögen des Erben. Infolgedessen konnten einerseits die Nachlaßgläubiger für ihre Ansprüche Befriedigung aus dem Eigenvermögen des Erben suchen, andererseits die persönlichen Gläubiger des Erben den Nachlaß in Angriff nehmen. Wollte der Erbe der Gefahr entgehen, sein Eigenvermögen für die Schulden des Nachlasses haften zu sehen, so diente ihm hierzu nach älterem Rechte nur die Ausschlagung, später schützte sich der Erbe dadurch, daß er mit den Nachlaßgläubigern gütlich dahin übereinkam (z. B. durch mandatum), daß er in ihrem Auftrag die Erbschaft antrat, wogegen die Nachlaßgläubiger erklärten, sich mit einem Teile ihrer Forderungen abfinden zu wollen. Dieses Hilfsmittel stand aber dem Erben nur vor Antritt der Erbschaft zu.

Seit Hadrian hatte der Erbe einen Anspruch auf restitutio in integrum, wenn sich nach dem Erbschaftserwerb eine nicht voraussehbare Schuldenlast ergab, und der Irrtum des Erben hierüber nicht auf Verschulden beruhte. Diese letztere Voraussetzung fiel durch die Konstitution des Kaisers Gordian bei Soldaten mit Rücksicht auf deren Rechts-

[1]) Bunsen, De jure hereditario Atheniensium pag. 79.

unerfahrenheit weg.[2]) Die restituierten Erben verloren ihre Erbeneigenschaft vollständig, erwarben also nicht als Erben die beschränkte Haftung; der alte Grundsatz der persönlichen Haftung des Erben blieb vorderhand unverändert.[3])

Erst im Jahre 531 p. wurde durch die constit. XXII C. de jure deliberandi VI, 30 eine Beschränkung der Haftung des Erben für die Verbindlichkeiten seines Erblassers auf die Kräfte des Nachlasses anerkannt, wenn er ohne Erbittung einer Ueberlegungsfrist form- und fristgerecht ein Nachlaß-Inventar errichtete.

Der Begriff des Nachlaß-Inventars war nach Brissonius: „inventarium id est libellus, in quo omnia bona, quae apud aliquem inveniuntur, conscribuntur."

In das Inventar waren demgemäß auch Sachen aufzunehmen, die, ohne dem Erblasser zu gehören, bei ihm sich vorfanden. Ob auch die Passiva in das Inventar aufzunehmen waren, ist bestritten. Zu den Aktiven des Nachlasses gehörten dessen Objekte und deren Surrogate bis zur Inventarisierung. Das Inventar konnte jeder Erbe, voluntarius oder necessarius, errichten; Stellvertretung und ebenso negotiorum gestio mit nachfolgender ratihabitio bei der Inventur war zulässig. Jeder Miterbe konnte ein Inventar für sich allein errichten, es kam aber den Miterben nicht zustatten, wohl aber konnte die Inventur durch einen Miterben als negotiorum gestio für die übrigen Miterben erscheinen. Ein ganz wirksames Inventar mußte binnen 30 Tagen a die scientiae delationis begonnen und binnen weiterer 60 Tage vollendet sein; unter Umständen verlängerte sich die Frist auf ein Jahr seit dem Erbfall (l. 22 cit. §§ 2, 3). Bei der Inventarerrichtung sollte der Erbe Urkundspersonen (tabularii-Notare und Taxatoren) zur Mitwirkung zuziehen. Das Inventar wurde vom Erben selbst aufgenommen; er stellte den Gesamtwert der Nachlaßbestände fest, er unterschrieb das Inventar und bekräftigte seine Richtigkeit und Vollständigkeit durch den Manifestationseid (l. 22 cit. § 10).

Die Wirkungen des römischrechtlichen Nachlaßinventars waren:

a) durch die Inventur wurde die Vermutung begründet, daß der Nachlaßbestand den inventarmäßigen Angaben entspreche; gegen diese Vermutung stand jedem Nachlaßgläubiger, den Legataren und Fideikommissaren unter Beschränkung auf einzelne Beweismittel, der Gegenbeweis offen. Gelang dieser Gegenbeweis, so verlor zwar das Inventar seine übrigen Wirkungen nicht, der Erbe hatte aber als Strafe das Doppelte des hinterzogenen Betrages herauszugeben, oder dem vollständigen Inventar hinzufügen.

b) Durch die Inventur erwarb der Erbe das beneficium inventarii, d. i. die Rechtswohltat, für die Nachlaßschulden nur mit den Kräften des Nachlasses und nicht auch, wie aus

---

[2]) Windscheid-Kipp, Pandekten 9. Aufl. Bd. III S. 480 § 606.

[3]) Dernburg, Pandekten 7. Aufl. 1903. S. 346.

dem Grundsatz der Gesamtnachfolge an sich folgen würde, persönlich haften zu müssen. Mit dem beneficium inventarii trat nicht ohne weiteres eine Trennung des Nachlasses vom Erbenvermögen ein, hierzu bedurfte es vielmehr des Erwerbs des beneficium separationis durch die Nachlaßgläubiger. Die Beschränkung der Haftung bezog sich auf die Höhe des Nachlasses; dies bedeutete nach der überwiegenden Ansicht eine Beschränkung pro viribus hereditatis, d. h. bis zum Werte des Gesamtnachlasses wurde auch das Erbenvermögen von der Haftung ergriffen.[4]) Der Erbe konnte die Nachlaßgläubiger nach der Reihenfolge ihrer Meldung ohne Beachtung von Vorzugsrechten befriedigen (Windscheid S. 482 Anm. 11); leistete er an einen falschen Nachlaßgläubiger, so konnte er deswegen dem wahren Gläubiger gegenüber nicht die Erschöpfung des Nachlasses einwenden. Hatte der Benefizialerbe irrtümlich mehr, als dem Wert des Nachlasses entsprach, an die Nachlaßgläubiger ausgefolgt, so stand ihm die condictio indebiti gegen jeden Nachlaßgläubiger zu, den er nach Ausgabe des Wertes des Nachlasses befriedigt hatte.

c) Während der Nachlaßinventur konnten Nachlaßgläubiger und Legatare gegen den Erben weder dingliche noch persönliche Ansprüche einklagen. Gegen eine etwa erhobene Klage hatte der Erbe die exceptio inventarii conficiendi. Auch jede Vollstreckung gegen den Erben war während der Inventur ausgeschlossen, selbst wenn ein vollstreckbarer Titel gegen den Erblasser vorlag.

d) Solange der Erbe das beneficium inventarii noch nicht erworben hatte, waren infolge der Gesamtnachfolge alle dinglichen und persönlichen Ansprüche des Erben gegen den Erblasser erloschen. Dagegen konnte der Benefizialerbe die ihm gegen den Erblasser zustehenden Forderungen und gewisse notwendige Auslagen von der im Inventar angegebenen Haftungssumme abziehen. Der Erblasser konnte letztwillig dem Erben die Inventur erlassen, ohne daß dem Erben die beschränkte Haftung wenigstens gegen Legatare, die an sich schon vom Willen des Testators abhängig waren, vorenthalten wurde.

Ohne beneficium inventarii haftete der Erbe für alle Nachlaßschulden, die Legate eingeschlossen, unbeschränkt auch mit seinem Privatvermögen; auch verlor er das seit 714 a. u. c. ihm gewährte Recht, die Quarta Falcidia d. h. mindestens ¼ seines Erbteils frei von Legaten für sich zu behalten.

Hatte der Erbe einmal das beneficium inventarii erworben, so vererbte es sich bezüglich dieser Erbschaft auf seine Erben, die aber in bezug auf die übrige ihnen zugefallene Erbschaft zunächst unbeschränkt hafteten.

---

[4]) Dernburg, Pand. § 171 Abs. 2 b; Windscheid § 606 Abs. 2.

Soldaten hafteten immer nur mit dem Werte des Nachlasses.[5])

3. Das germanische Recht ging davon aus, daß der Erbe grundsätzlich beschränkt für die Nachlaßverbindlichkeiten haftet. Während im römischen Rechte gleichsam die Rechtspersönlichkeit des Erblassers in der des Erben fortdauernd gedacht wurde, erkannte das germanische Recht nur eine Vermögensfolge als die Wirkung des Erbganges an; dort Gesamtnachfolge, seit 531 p. verbunden mit der Rechtswohltat des Inventars, hier Uebergang nur des Aktivnachlasses nach Abzug der Erbschaftsverbindlichkeiten. Weder Erbe noch Nachlaßgläubiger sollten durch den Erbgang Schaden nehmen können; daher sollte einerseits jener nur beschränkt haften, andererseits diesem der Aktivnachlaß zufallen.

In der ältesten Epoche germanischer Rechtsbildung, in der es in Deutschland noch kein Sondereigentum an Grund und Boden gab, beschränkte sich das Erbrecht auf die fahrende Habe. Das Recht der Schuldverhältnisse hatte damals noch keine tiefgreifende Entwicklung erfahren; die Haftung des Erben für die Schulden seines Erblassers beschränkte sich auf den Bestand des übernommenen beweglichen Nachlasses.[6])

In der fränkischen Periode herrschten in bezug auf die Erbenhaftung Verschiedenheiten in den einzelnen Rechten. Aus dem ribuarischen Rechte (lex Ribuar. 67, 1) schließen manche Schriftsteller auf eine persönliche Haftung des Erben für die Nachlaßverbindlichkeiten; doch folgt die Unrichtigkeit dieser Ansicht sowohl aus dem ganzen Charakter des altdeutschen Obligationenrechtes, als auch aus dem mittelalterlichen Erbrecht, welches auf dem bisherigen Prinzipe aufgebaut nur eine Erbenhaftung mit Mitteln des Nachlasses kannte.

In den mittelalterlichen Rechtsquellen hatte sich zur Durchführung der beschränkten Haftung des Erben vielfach eine amtliche Fürsorge für die Nachlaßregelung ausgebildet. Der Erbe erhielt die Erbschaft erst nach Befriedigung der Nachlaßgläubiger. Der Erbe sollte sich nicht selbst in den Besitz des Nachlasses setzen, sondern von Gericht oder Obrigkeit „in gewalt und gewere“ des Nachlasses gesetzt werden.[7]) „Die Erbenhaftung“, sagt Schröder,[8]) „war eine Sachhaftung, der Erbe konnte die Vertretung des Erblassers durch Abtretung des Nachlasses an die Gläubiger von sich abwenden“.

Mit der Rezeption des römischen Rechtes drang dessen Grundsatz der Gesamtnachfolge und damit die unbeschränkte Erbenhaftung in das gemeine deutsche Recht ein. Hand in Hand damit ging die Aufnahme des römischen beneficium inventarii und gerade dieses Rechtsinstitut vermittelte zwischen dem überkommenen einheimischen und dem eindringenden fremden Rechte und erleichterte so die Aufnahme des letzteren in Deutschland. Dem Nachlaßinventar konnte im älteren

[5]) l. XXII § 16 C. de jure deliber. 6, 30.

[6]) Brunner, Deutsche Rechtsgeschichte 1901 S. 187, vgl. auch Gerber, System des deutschen Privatrechts 1895, § 296.

[7]) Stobbe, Deutsches Privatrecht. 2. Aufl. 5. Bd. S. 27.

[8]) Schröder, Deutsche Rechtsgeschichte. 5. Aufl. 1907. S. 773.

deutschen Rechte nur die Bedeutung eines Beweismittels für den Umfang des Nachlasses zukommen, und als solches diente es bei Geltendmachung der beschränkten Haftung.

Das rezipierte beneficium inventarii behielt zunächst seine römischrechtliche Gestalt; allmählich aber bildeten sich in der deutschen Praxis Aenderungen heraus. Meist ging der Nachlaßinventur eine amtliche Siegelung des Nachlasses voraus. Während nach römischem Rechte der Erbe selbst den Nachlaß inventarisierte, entwickelte sich in der deutschen Praxis die Uebung, daß der Erbe nur mehr vor Gericht erklärte, die Erbschaft cum beneficio inventarii antreten zu wollen, und es dann dem Gerichte überließ, den Nachlaß zu inventarisieren. Neben der amtlichen Nachlaßinventur hatte sich freilich das römischrechtliche Privatinventar in den Gebieten des gemeinen Rechtes erhalten; in praxi aber wog erstere schon wegen ihrer Bequemlichkeit für den Erben vor.[9]) Die römischrechtlichen Inventarfristen mußten auch bei amtlicher Inventur gewahrt werden.

War das Inventar form- und fristgerecht aufgenommen, so floß hieraus die gesetzliche Vermutung der Vollständigkeit des aufgenommenen Inventars; Nachlaßgläubigern und Legataren stand der Gegenbeweis gegen diese Vermutung offen. Der römischrechtliche Offenbarungseid, den der selbst inventarisierende Erbe auf Antrag der Nachlaßgläubiger zu leisten hatte, erlangte gemeinrechtliche Geltung, und wurde vor dem die Inventur leitenden Gerichte abgelegt (EG. z. ZPO. § 16 Abs. 3 ä. F.). Bei Weigerung der Eidesleistung trat Zwang nach § 774 ZPO. ein.

Unvollständigkeit des Inventars zog mangels besonderer gesetzlicher oder gewohnheitsrechtlicher Aufhebung der römischrechtlichen Normen in den Gebieten des gemeinen Rechtes die Ersatzpflicht auf das Doppelte des hinterzogenen Betrages nach sich.[10])

Sobald dem Erben die Unzulänglichkeit des Nachlasses bekannt wurde, war ihm nach gemeinem Rechte zur Pflicht gemacht, alle Nachlaßgläubiger laden zu lassen, ihnen die Nachlaßobjekte oder deren Wert anzubieten und zu gestatten, daß sie sich selbst über die Liquidation einigten, oder daß durch richterliches Erkenntnis darüber entschieden werde.

An Stelle der römischen Benefizialhaftung pro viribus hereditatis hat die deutsche Gerichtspraxis eine Haftungsbeschränkung cum viribus hereditatis ausgebildet (RGZ. I S. 98).

Klagte ein Nachlaßgläubiger auf Befriedigung aus dem Eigenvermögen des Benefizialerben, so mußte dieser, um nicht persönlich zu haften, gegen den Anspruch im Prozeß das beneficium inventarii als materiellrechtliche Einrede geltend machen und die Rechtswohltat mußte dann als Vorbehalt in das Urteil aufgenommen werden. Auf Grund dieses Vorbehalts mußte der Benefizialerbe im Vollstreckungsverfahren gegen eine Exekution in sein Eigenvermögen Einwandsklage nach § 696

[9]) Dernburg, Pandekten § 175.
[10]) Windscheid § 606; Brinz, Pand. 2. Aufl. 3. Bd. § 399; abweichend: Dernburg, Pand. § 4 Anm. 6.

Abs. 1 ZPO. a. F. erheben. Um den Vorbehalt des beneficium inventarii im Urteil zu erwirken, genügte die Erklärung des Erben in der mündlichen Verhandlung, daß er demnächst das Inventar errichten werde.

4. Die neueren Partikularrechte nahmen im allgemeinen das gemeinrechtliche Prinzip in sich auf; während aber im römischen und gemeinen Rechte zum Erwerb der beschränkten Haftung die förmliche Inventur als solche genügte, war zur Auslösung dieses Erfolges in einzelnen Partikularrechten die ausdrückliche Erklärung des Erben erforderlich, daß er cum beneficio inventarii antreten wolle.[11])

a) Das preußische Landrecht v. 1794 stand zwar ebenfalls unter dem Einfluß des römischen und gemeinen Rechtes; die überkommene germanische Grundauffassung übte aber einen so nachhaltigen Einfluß aus, daß man die germanische Idee dem ALR. zugrunde legte, wobei freilich manche Rechtssätze in die römische Form gegossen wurden. Der Erbe haftete nach preußischem Landrecht grundsätzlich beschränkt; die persönliche Haftung bildete nur die Ausnahme.[12]) Die beschränkte Haftung stand dem Erben auch ohne Nachlaßinventur zu, wenn er die Erbschaft ausdrücklich oder stillschweigend antrat, ohne auf den Vorbehalt der beschränkten Haftung rechtsgültig und ausdrücklich zu verzichten. Der Erbe haftete nur dann persönlich, wenn er durch Unterlassung der Nachlaßinventur den Bestand des Nachlasses schuldhaft verdunkelte, oder sich zur persönlichen Haftung ausdrücklich erbot. Form- und fristgerechte Nachlaßinventur sicherte dem Erben die Beschränkung seiner Haftung für alle Zukunft (ALR. I. 9. § 423). Die grundsätzlich beschränkte Haftung wurde zur unbeschränkten, wenn der Erbe die gesetzliche oder behördlich bestimmte Inventarfrist versäumte, oder absichtlich zum Nachteil der Nachlaßgläubiger falsch inventarisierte. Den Nachlaßgläubigern hafteten der Nachlaß und seine Surrogate. Der Benefizialerbe haftete nur cum viribus hereditatis.[13]) Die Benefizialeigenschaft mußte der Erbe, trotzdem die beschränkte Haftung gesetzliche Regel war, im Hauptprozeß noch ausdrücklich geltend machen. Dem beneficium inventarii konnte im ALR. nur die Bedeutung zukommen, die im Prinzip schon von Anfang an vorhandene Haftungsbeschränkung zu einer endgültigen, künftig unverlierbaren zu erweitern.

Die Inventarfrist begann im ALR. (I, 9, § 421 ff.) — im Gegensatz zum römischen und gemeinen Rechte — nicht schon a die scientiae delationis, sondern erst vom Ablauf der gesetzlichen Ueberlegungsfrist an.

---

[11]) Stobbe S. 54.
[12]) Dernburg, Preuß. Privatrecht. 4. Aufl. 3. Bd. S. 610.
[13]) Dernburg, cit. § 223.

Das Inventar konnte vom Erben selbst oder auf seine Initiative vom Nachlaßgericht aufgenommen werden. Die gesetzliche Inventarfrist von 6 Monaten konnte vom Richter auf Antrag verlängert oder verkürzt werden. Versäumung der Inventarfrist zog den Verlust der beschränkten Haftung nach sich. Das Inventar eines Miterben kam den übrigen Miterben zustatten. Der Erblasser konnte die Nachlaßinventur letztwillig weder ausschließen noch rechtswirksam verbieten.

b) Ebenso wie das ALR. ist auch das sächsische bürgerliche Gesetzbuch (§§ 2328 ff.) der germanischen Auffassung gefolgt, daß die Nachlaßgläubiger grundsätzlich nur ein Recht auf Befriedigung aus dem Nachlasse haben. Selbst den mit der Inventarerrichtung säumigen Erben traf eine persönliche Haftung nur insoweit, als er Nachlaßgegenstände veräußert, oder Gläubiger unter Verletzung der konkursmäßigen Rangordnung befriedigt hatte. Die Praxis aber nahm an[14]), daß der Erbe innerhalb der durch den Wert des Nachlasses gezogenen Grenzen nicht bloß gegenständlich mit der Erbschaft (cum viribus hereditatis), sondern auch persönlich (pro viribus hereditatis) hafte.

Die Inventarfrist lief wie im römischen und gemeinen Rechte vom Tage der Kenntnis der Berufung an und dauerte ein Jahr. Der Erbe konnte das Inventar entweder selbst aufnehmen und bei Gericht einreichen oder die Aufnahme dem Richter oder Notar überlassen. Durch die Errichtung des Inventars erwarb der Erbe die endgültige Beschränkung seiner Haftung.

c) Im Gegensatz zum preußischen und sächsischen Recht haben das bayerische und württembergische Landrecht das Prinzip der unbeschränkten Erbenhaftung aus dem römischen und gemeinen Rechte übernommen. Gegen etwa hierin liegende Härten wurde der Erbe einerseits durch das jus deliberandi d. i. das Recht, binnen einer Frist sich zu erklären, ob er antreten wolle oder nicht, andererseits durch das mitübernommene beneficium inventarii geschützt, kraft dessen er die Nachlaßverbindlichkeiten nur bis zum Belaufe des Nachlasses berichtigen mußte.

5. Der code civil (art. 724, 802) und das österreichische bürgerliche Gesetzbuch (§§ 800 ff.) erklären nach dem Vorbilde des römischen und gemeinen Rechtes die unbeschränkte Haftung des Erben für die Regel. Nach dem französischen Rechte ist aber dem Erben eine Frist gewährt, binnen welcher er erklären kann, ob er die Erbschaft mit oder ohne das bénéfice d'invintaire antreten wolle. Die Aufnahme des Inventars geschieht durch den Erben unter gerichtlicher Mitwirkung (c. c. art. 108). Nach österreichischem Rechte besorgt das Gericht die Aufnahme des Inventars und nimmt die Liquidation und konkursmäßige Verteilung der Nachlaßgüter vor; der Benefizialerbe haftet jedenfalls nur mit dem Nachlaß.

---

[14]) Rüger im Sächs. Archiv 1899 S. 473.

Nach dem Zürcherischen Recht haftet der Erbe auf jeden Fall persönlich, ob er den Nachlaß inventarisiert hat oder nicht. Dem Nachlaßinventar kommt nur die Bestimmung zu, den Nachlaßbestand festzustellen, um dem Erben eine Entschließung über Annahme oder Ausschlagung der Erbschaft zu ermöglichen. (Züricher Gesetzbuch §§ 1990 ff.)

§ 2. Das Problem der Erbenhaftung als Ausgangspunkt.

Das Nachlaßinventar ist im BGB. von maßgebender Bedeutung für die Gestaltung der Haftung des Erben für die Nachlaßverbindlichkeiten; es ist innerhalb des II. Abschnitts des V. Buches unter dem II. Titel: „Haftung des Erben für die Nachlaßverbindlichkeiten" als IV. Unterabschnitt behandelt.

Bevor auf die Bedeutung der Inventarerrichtung selbst eingegangen werden kann, muß die grundsätzliche Gestaltung der Erbenhaftung festgestellt werden.

Nach § 1967 BGB. gehören zu den Nachlaßverbindlichkeiten:

a) die vom Erblasser herrührenden Schulden; d. s. die persönlichen Schulden des Erblassers und die erst in der Person des Erben entstandenen Verbindlichkeiten, welche derart vom Erblasser herrühren, daß sie als dessen Verbindlichkeiten hätten entstehen müssen, wenn er nicht vor Eintritt des Verpflichtungsgrundes gestorben wäre.[1])

b) Alle übrigen Verbindlichkeiten des Erben als solchen, die nicht unter a fallen. Z. B. Verbindlichkeiten aus Vermächtnissen, Auflagen oder Pflichtteilsrechten.

Das grundlegende Prinzip für die Wirkungen des Erbfalls nach BGB. ist in § 1922 Abs. I dahin aufgestellt, daß mit dem Tode einer Person (Erbfall) deren Vermögen (Erbschaft) als Ganzes auf eine oder mehrere andere Personen (Erben) übergeht.

Damit ist dem Erbrechte des BGB. der Gedanke der Gesamtnachfolge im Sinne des römischen Rechtes zugrunde gelegt worden. Das bedeutet, daß „die Einheit, zu welcher die das Vermögen eines Menschen bildenden Rechte und Verbindlichkeiten durch ihren Träger zusammengefaßt werden, durch den Tod desselben nicht aufgehoben wird, das vererbungsfähige (unvererbliche Rechtsverhältnisse ergeben sich aus §§ 673, 675, 514, 520, 759, 1615, 532 S. 2, 1061, 1090 Abs. 2 BGB., vgl. auch §§ 569, 847 und 1300) Vermögen vielmehr als Ganzes d. h. als eine Einheit auf den oder die Erben übergeht".[2])

Aus dem Grundsatz der Gesamtnachfolge ergibt sich, daß alle Rechte und Verbindlichkeiten des Erblassers auf den Erben übergehen, soweit sie überhaupt der Vererbung fähig sind. Es besteht neben einer successio in universitatem eine successio per universitatem.

---

[1]) Strohal, Das deutsche Erbrecht auf Grundlage des BGB. 3. Aufl. 1904 II. Bd. S. 176.

[2]) Windscheid-Kipp § 528; Planck, Komm. z. BGB. III. Aufl. 1908 Bd. V S. 11.

Freilich sind im EG. z. BGB. Art. 59, 62, 63, 64 Einzelnachfolgen in gewisse Vermögensbestandteile als Ausnahmen von § 1922 Abs. I zugelassen worden.[3])

Die Gesamtnachfolge beruht auf zwingendem Rechtssatz und kann deshalb durch eine widersprechende Anordnung des Erblassers nicht aufgehoben werden.

Einzelne Vertreter der Literatur äußern die Ansicht, daß der Erbe zwar in die Erbschaft als Ganzes eintrete, daß aber der Nachlaß als ein mit den Nachlaßverbindlichkeiten belastetes, vom übrigen Vermögen des Erben getrenntes Sondervermögen fortbestehe.[4])

Wenn nach dem Grundsatze der Gesamtnachfolge sämtliche Verbindlichkeiten des Erblassers auf den Erben übergehen, so fragt es sich: haften für die überkommenen Verbindlichkeiten nur die aktiven Nachlaßbestände, oder haftet der Erbe auch persönlich d. h. mit seinem bisherigen Privatvermögen? Die Frage kann auch so formuliert werden: Ist nach dem BGB. die Haftung des Erben für die Nachlaßverbindlichkeiten grundsätzlich beschränkt oder unbeschränkt? Je nach Beantwortung dieser Frage gestalten sich die Wirkungen der Inventarerrichtung für die Erbenhaftung verschiedenartig. Kommt man zu dem Ergebnisse, die Erbenhaftung sei grundsätzlich beschränkt, so kann die Inventarerrichtung nur bezwecken, die schon von Anfang an vorhandene beschränkte Haftung für immer zu erhalten und einen durch etwaige Versäumung der Inventarfrist drohenden Verlust der beschränkten Haftung hintanzuhalten. Muß dagegen als grundsätzliches Erbenhaftungssystem die unbeschränkte Haftung angenommen werden, so kommt der Inventarerrichtung, wie unten näher auszuführen sein wird, zwar nicht mehr — wie im römischen und gemeinen Rechte — die Bestimmung zu, die beschränkte Haftung selbst herbeizuführen, wohl aber die, dem Erben sein Haftungsbeschränkungsrecht für immer gegen Verlust durch Versäumung einer später ihm zu setzenden Inventarfrist zu sichern.

Die Beantwortung der aufgeworfenen Frage hat in der juristischen Literatur zu lebhaften Streitfragen Veranlassung gegeben.[5]) Es werden folgende drei Meinungen vertreten:

I. Die grundsätzliche Erbenhaftung ist unbeschränkt schon von Anfall der Erbschaft an.[6])

---

[3]) Hiefür gelten die Landesgesetze.

[4]) Endemann und Gareis, Einführg. i. d. Stud. d. BGB. 7. Aufl. II. Bd. S. 395. Gegen ihn mit Recht: Wendt, Die Haftung d. Erben f. d. Nachlaßverbindl. i. ArchZivPrax. Bd. 86 S. 356; Hachenburg, Das BGB. f. d. Deutsche Reich, Vorträge I. und II. Aufl. S. 689.

[5]) Das BGB. spricht seinen Standpunkt bezüglich der Erbenhaftung nicht ausdrücklich aus.

Dies billigt Meyer (Breslau) in SeuffBl. Bd. 70 Nr. 3 gegen Binder, Die Rechtsstellg. des Erben n. d. d. BGB. 1903. II. Teil S. 61 ff.

[6]) Planck, Komm. S. 95 Anm. 4; Staudinger, Komm. z. BGB. 3./4. Aufl. 1909. Bd. V S. 125 ff. und bes. auch S. 210 A 1; Bingner im

II. Die grundsätzliche Erbenhaftung ist unbeschränkt von Annahme der Erbschaft an; bis zu diesem Zeitpunkt beschränkt.[7])

III. Die grundsätzliche Erbenhaftung ist beschränkt.[8])

Im folgenden sollen in Kürze die verschiedenen Meinungen und ihre Begründung durch die namhaftesten Vertreter der Literatur kritisch betrachtet werden:

ad I. Mit dem Eintritt des Erbfalls tritt als Folge der Verschmelzung des Erbenvermögens mit dem Nachlasse eine vorläufig unbeschränkte Haftung ein, welche durch gewisse Maßregeln (§§ 1975, 1973, 1990 BGB.) in eine beschränkte verwandelt werden kann und zur endgültig unbeschränkten wird, wenn diese Maßnahmen unzulässig geworden sind.

Sächs. Arch. Bd. V S. 598; Mathiaß, Lehrb. d. BGB. 3. Aufl. II. Bd. S. 558; Wendt S. 384, 353; Böhm i. GruchBeitr. Bd. 42 S. 460; Böhm, Erbrecht II. Aufl. S. 396; Buchka, Vergl. Darst. d. BGB. f. d. D. R. u. d. gem. R. III. Aufl. S. 413 a. E.; Müller-Meikel, Das b. R. f. d. D. R. II. Aufl. 1904. S. 570; Engelmann, Das b. R. Deutschl. II. Aufl. S. 798; Planck, DJZ. 1899 S. 367; Eck, Vorträge ü. d. R. d. BGB. III. Bd. 1904. S. 24; Jaeger, Erbenhaftung u. Nachlaßkonkurs 1898, § 1 Anm. 5; Hellwig, Anspruch u. Klagerecht 1900. S. 242; Kipp bei Windscheid S. 487; Cosack, Lehrb. d. d. b. R. 1904. II. Bd. S. 758; Goldenring, Haftg. d. Erb. f. d. Nachlaßschulden DJZ. 1899. S. 436; H. Meyer, Streifzüge a. d. Gebiet d. Erbenhaftg. 1904. S. 19 u. SeuffBl. 1905. S. 80 ff.; Weißler, D. d. Nachlaßverfahren 1900. S. 321; Kuhlenbeck, Komm. z. BGB. II. Aufl. 1904. III. Bd. S. 53; Beuster, D. Rechtsstellg. d. Benefizialerben d. Nachlgl. geg. n. gem. R. u. BGB. Diss. Rostock 1902. S. 34; Schefold, D. erbrechtl. Haftungsbeschränkg. u. d. Ziv.-Proz. Diss. Tübingen 1902. S. 14; Oesenstätter, D. Haftg. d. Erben f. d. Nachl.-Verbindlichktn. n. d. BGB. i. DNotZ. 1899. S. 105; Schöller, D. Haftg. d. E. f. d. Nachl.-Verb. u. f. Schad.-Ers. b. d. Liqu. d. Nachl. n. BGB. i. SeuffBl. 1899. S. 390; Singer, D. Haftg. d. E. f. d. Nachl.-Verb. n. d. BGB. u. Neb.-Ges. i. SeuffBl. 1899. S. 321; Rüger, Abh. a. d. Erbr. d. d. BGB. i. Sächs. Arch. f. B. R. u. Proz. 1899. S. 474 und besonders Dernburg, D. bürg. R. d. d. R. u. Pr. II. Aufl. 1905. V. Bd. S. 457. Vgl. auch Unzner i. d. Krit. Vierteljahrsschrift Bd. 41 S. 257; OLG. Naumburg vom 22. 5. 06 i. Warneyers Jahrb. 5. Jahrg. S. 173; die Entscheidung des Reichsgerichts vom 15. 12. 04 (Bd. 59 S. 303) hat die Streitfrage nur berührt, aber nicht entschieden; vgl. auch OLG. Dresden 21. 6. 05 ZBlFG. 6. Jahrg. S. 411.

[7]) Strohal S. 190 a. E., S. 203; Fischer-Henle, Handausg. z. BGB. VIII. Aufl. 1909. Vorbem. z. § 1967.

[8]) Frommhold, Komm. z. BGB. 1900. Anm. 1 z. § 1967; Wilke, Komm. z. BGB. Bd. V S. 36, 37 (1900); Wilke, Haftg. d. Erb. i. Veröff. d. Berl. Anw.-Ver. Heft IX; Seuffert i. Zeitschr. f. d. Ziv.-Proz. Bd. XXII S. 498, 512, 522; Claussen, D. Hftg. d. E. f. d. Nachl.-Verb. Diss. Erlangen 1896 S. 30/31; Hachenburg S. 671/701 (II. Aufl.); Eccius, D. Haftg. d. E. f. d. Nachl.-Verb. in GruchBeitr. z. Erl. d. D. R. Bd. XLIII S. 604/831; Münchmeyer, D. Haftg. d. E. u. Miterben f. d. Nachl.-Verb. n. d. BGB. 1899. S. 52/53; Goldmann i. GruchBeitr z. Erl. d. d. R. Bd. XLIII S. 428; Enneccerus-Lehmann, D. bürg. R. II. Aufl. II. Bd. S. 684; Borcherdt, D. Erb-R. u. d. Nachl.-Behdlg. n. d. v. 1. Jan. 1900 an gelt. Reichsges. 1901. S. 195/200; Hagen i. Iherings Jahrb. Bd. XLII S. 55/58; Seuffert, Komm. z. ZPO. 1908. Bd. II S. 437; Endemann, Lehrb. d. b. R. VII. Aufl. Bd. III S. 395 Anm. 18; Butzky, D. Bedeutg. d. Inv.-Errichtg. i. Erbr. d. BGB. f. d. d. R. Diss. Greifsw. 1901. S. 22; Kuhlmey, D. Haftg. d. Erb. Diss. Rostock 1897; und besonders Binder, Die Rechtsstellg. d. Erben n. d. d. BGB. 1903. II. Teil S. 61; neuestens auch Martin, Die Haftung des Erben für die Nachlaßverbindlichkeiten 1909.

Für diese Ansicht werden angeführt:

a) Der Grundsatz der Gesamtnachfolge als Hauptwirkung des Erbfalls nach BGB. (§ 1922),

b) als weitere Belege folgende Gesetzesstellen:

1. § 1967 BGB.: „Der Erbe haftet für die Nachlaßverbindlichkeiten."

2. § 1975 BGB.: „Die Haftung der Erben für die Nachlaßverbindlichkeiten beschränkt sich auf den Nachlaß, wenn eine Nachlaßpflegschaft zum Zwecke der Befriedigung der Nachlaßgläubiger (Nachlaßverwaltung) angeordnet, oder der Nachlaßkonkurs eröffnet ist."

ad 1. Wenn der Erbe für die Nachlaßschulden schlechthin haftet, so folgt daraus, daß er für alle Nachlaßverbindlichkeiten, bei Unzulänglichkeit des aktiven Nachlasses zur Berichtigung sämtlicher Nachlaßschulden demgemäß auch mit seinem bisherigen Eigenvermögen, aufzukommen hat. Es liegt wie im römischen Rechte; jeder Erbe haftet persönlich, hat aber die Möglichkeit, beschränkte Haftung zu gewinnen.[9])

Dagegen wenden die Vertreter der grundsätzlich beschränkten Haftung, insbesondere Binder S. 85 ein, dieser Paragraph spreche nur die Tatsache der Haftung, nicht aber deren Umfang aus. Mit Recht hält dem Dernburg (d. b. R. S. 458 ob.) entgegen, man dürfe diesem Paragraph nicht den geheimen Vorbehalt unterlegen, daß der Erbe zwar ohne ausdrückliche Einschränkung, aber kraft Gesetzes doch nur mit dem Nachlaß hafte.

ad 2. § 1975, der als Leitsatz an die Spitze der Vorschriften über die Beschränkung der Haftung des Erben gestellt ist und füglich als „sedes materiae" gelten muß, spricht noch klarer als § 1967 die unbeschränkte Haftung als den Grundsatz der Erbenhaftung aus. Die Haftung des Erben beschränkt sich (sc. erst dann) auf den Nachlaß, wenn die in § 1975 bestimmten Maßnahmen getroffen sind[10]); bis dahin besteht eine Beschränkung der Haftung grundsätzlich noch nicht, vielmehr kann man nur von einer dem Erben in Aussicht gestellten Möglichkeit künftiger Haftungsbeschränkung[11]) sprechen. Gegen diese Beweisführung wird von der Gegenseite die Ansicht vertreten, jene Maßnahmen nähmen die beschränkte Haftung des Erben als gegeben an, und dienten nur der Verwirklichung der an sich beschränkten Haftung.[12]) Binder S. 64 räumt als legislative Unmöglichkeit ein, daß eine schon beschränkte Haftung durch Nachlaßkonkurs oder Nachlaßverwaltung sich nochmals beschränken kann; er will aber den Widerspruch damit lösen, daß er den Wortlaut des § 1975 schlechterdings für unerheblich (!) erklärt (a. a. O. S. 71). Es bleibt als Stütze der

---

[9]) Vgl. Wendt S. 442.

[10]) Fr. Carlebach, Das notarielle Vermögensverzeichnis, i. d. Zeitschr. d. deutsch. Notarvereins. 3. Bd. 1903. S. 10.

[11]) Strohal S. 194.

[12]) Goldmann S. 448; Binder S. 69; Eccius S. 622; mit vollem Rechte nennt Planck, DJZ. 1899 S. 368 diese Konstruktion eine „recht künstliche".

Gegenmeinung die Erwägung übrig, daß es etwas Absonderliches wäre, wenn eine Maßnahme, die auch auf Vorgehen des entgegengesetzt interessierten Nachlaßgläubigers eintreten kann (§ 1981 Abs. 2), dem Erben zustatten käme. Indessen erhellt aus dieser Vorschrift unzweideutig, daß der Nachlaßgläubiger den Antrag auf Anordnung der Nachlaßverwaltung im eigensten Interesse stellt, nämlich zwecks Erwirkung einer Trennung des Nachlasses vom Privatvermögen des Erben, deren Vermischung ihm bedrohlich erscheint „wenn Grund zu der Annahme besteht, daß die Befriedigung der Nachlaßgläubiger aus dem Nachlasse durch das Verhalten oder die Vermögenslage des Erben gefährdet wird.“ [13])

3. §§ 780, 781 ZPO.: „Der als Erbe des Schuldners verurteilte Beklagte kann die Beschränkung seiner Haftung nur geltend machen, wenn sie ihm im Urteile vorbehalten ist“; und „Bei der Zwangsvollstreckung gegen den Erben des Schuldners bleibt die Beschränkung der Haftung unberücksichtigt, bis auf Grund derselben gegen die Zwangsvollstreckung von dem Erben Einwendungen erhoben werden.“

Wäre die Erbenhaftung grundsätzlich beschränkt, so könnte es zur Berücksichtigung der schon vorhandenen Beschränkung der Haftung im Vollstreckungsverfahren doch nicht noch erst besonderer Einwendungen bedürfen.[14])

4. §§ 1973, 1990 BGB. Wenn die Wirkung des Ausschlußurteils im Aufgebotsverfahren in der Befugnis des Erben besteht, die ausgeschlossenen Gläubiger auf den Nachlaß zu verweisen, so folgt per arg. e. contr., daß der Erbe die rechtzeitig angemeldeten Nachlaßgläubiger nicht auf den Nachlaß verweisen, ihren Zugriff auf sein Eigenvermögen also nicht verwehren kann.[15])

c) Die Entstehungsgeschichte der einschlägigen Normen des BGB. Der I. Entwurf steht zweifellos auf dem Standpunkte der grundsätzlich unbeschränkten Haftung; die II. Kommission aber hat eine Aenderung in dieser Frage nicht vornehmen wollen.[16]) Uebrigens ist, falls aus den Materialien das Gegenteil gefolgert werden könnte, was von einzelnen Schriftstellern geschieht (vgl. Goldmann S. 428 I), die Rechtsregel anerkannt, daß die Motive eines Gesetzes für seine Auslegung unverbindlich sind.

ad II. Hiernach haftet den Nachlaßgläubigern bis zur Annahme der Erbschaft nur der Nachlaß, erst mit dem endgültigen Erbschaftserwerb wird auch das Eigenvermögen des Erben von der Haftung ergriffen.[17])

---

[13]) Jaeger, Erb.-Haftg. S. 5 Anm. 1; dies gibt auch Hachenburg S. 675 zu, der in dem Antragsrecht des Nachlaßgläubigers nach § 1981 Abs. 2 mit Recht in erster Linie ein Vorrecht des Nachlaßgläubigers erblickt.

[14]) Jaeger, Erb.-Haftg. S. 2 Anm. 5; Enneccerus-Lehmann S. 688; Planck, Komm. S. 95; A. A. Eccius S. 62 ff.; Hachenburg S. 671.

[15]) Planck, Komm. a. a. O.; Strohal S. 194; A. A. Binder S. 76, 77; Frommhold S. 47.

[16]) Planck, Komm. l. c.

[17]) Strohal S. 203.

Strohal führt für seine Theorie an:

a) § 1958 BGB.: „Vor der Annahme der Erbschaft kann ein Anspruch, der sich gegen den Nachlaß richtet, nicht gegen den Erben gerichtlich geltend gemacht werden."

b) § 778 ZPO.: „Solange der Erbe die Erbschaft nicht angenommen hat, ist eine Zwangsvollstreckung wegen eines Anspruchs, der sich gegen den Nachlaß richtet, nur in den Nachlaß zulässig."

ad a) Hierzu bemerken die Protokolle der II. Kommission, daß dem § 1958 die Erwägung zugrunde liegt, der Erbe solle bis zum endgültigen Erbschaftserwerb befugt sein, sich den Ansprüchen der Nachlaßgläubiger gegenüber einstweilen ablehnend zu verhalten und dieses Recht „müsse auch zivilrechtlich in dem Satze Anerkennung finden, daß der Erbe bis zur Annahme befugt sei, die Befriedigung eines gegen den Nachlaß gerichteten Anspruchs zu verweigern. Der Ausdruck, daß ein Recht nicht geltend gemacht werden könne, finde sich auch an anderen Stellen des Entwurfs, wo bestimmt werde, daß ein an sich bestehendes Recht unter gewissen Voraussetzungen von oder gegen bestimmte Personen, oder in einer bestimmten Weise nicht ausgeübt werden kann. Dieses Verhältnis bestehe auch im gegenwärtigen Falle." Aus diesen Worten der Protokolle ergibt sich der Sinn des § 1958 dahin, daß der gegen den Nachlaß gerichtete Anspruch zwar schon vom Erbfalle an auch gegen das Eigenvermögen des vorläufigen Erben gerichtet ist, daß diesem aber gegen die Verwirklichung eines solchen Anspruches eine zivilrechtliche Einrede zusteht, durch welche ein Zugriff auf sein Eigenvermögen einstweilen unmöglich gemacht wird.

ad b) Aus dem Gesagten folgt eigentlich von selbst schon der Inhalt des § 778 Abs. 1 ZPO.; denn der Nachlaßgläubiger, der vor Annahme der Erbschaft seinen Anspruch gegen das Eigenvermögen des Erben richtet, muß bei Geltendmachung der dem Erben nach § 1958 BGB. zustehenden Einrede abgewiesen werden, kann somit kein gegen das Eigenvermögen des Erben gerichtetes obsiegendes Urteil erwirken und höchstens in den Nachlaß vollstrecken lassen.

Die Theorie von Strohal und Henle fließt demnach in die unter I erörterte Theorie der grundsätzlich unbeschränkten Haftung über.

ad III) Für die grundsätzlich beschränkte Haftung wird ins Feld geführt:

1. Die Denkschrift zum Entw. des BGB. Dort ist gesagt: „Der Entwurf geht davon aus, daß die Nachlaßgläubiger an sich nur ein Recht auf Befriedigung aus dem Nachlaß haben, und daß der Erbe gegen die Gefahr, mit seinem eigenen Vermögen für die Verbindlichkeiten eines überschuldeten Nachlasses zu haften, tunlichst geschont werden müsse. Wenn hiernach der Entwurf bestimmt, daß der Erbe für die Nachlaßverbindlichkeiten haftet (§ 1943 Entw. III), so hat er zunächst nur eine Haftung mit dem Nachlasse im Auge."[18])

---

[18]) Goldmann S. 428 I.

Hiegegen erinnert mit Recht einerseits Wendt S. 355: Wenn schon die beschränkte Haftung die Regel wäre, so sei der Erbe schon kraft der gesetzlichen Bestimmung genügend geschützt; welche Bedeutung könnte dann dem Worte „tunlichst" der Denkschrift beigelegt werden? Andererseits erwähnt Planck[19]) treffend, daß es weder in der Absicht noch in der Aufgabe der Denkschrift liege, sich über die juristische Konstruktion auszusprechen.

2. Als sachliche Belege folgende Gesetzesstellen:

a) 1994 Abs. 1 S. 2 BGB.: „Nach dem Ablauf der (Inventar)frist haftet der Erbe für die Nachlaßverbindlichkeiten unbeschränkt, wenn nicht vorher das Inventar errichtet wird."

Hieraus schließen Goldmann und Hachenburg,[20]) die unbeschränkte Haftung sei gewissermaßen als Strafe für Versäumung der Inventarfrist anzusehen; die Regel, nämlich die beschränkte Haftung, werde durch diesen besonderen Umstand durchbrochen.

Richtig bemerkt indessen Planck,[21]) die Bestimmung des Ausdrucks, „unbeschränkt haften" sei in § 2013 enthalten und werde dort dahin gegeben, daß bei unbeschränkter Haftung diejenigen Vorschriften keine Anwendung mehr finden, welche an den Eintritt bestimmter Tatsachen die Beschränkung der Haftung des Erben knüpfen; der Ausdruck „unbeschränkt" bedeute also „unbeschränkbar". In diesem Sinne verstanden, spricht § 1994 Abs. I S. 2 nichts anderes aus, als daß der Erbe nach fruchtlosem Ablauf der Inventarfrist die Möglichkeit verwirkt hat, seine bisher unbeschränkte Haftung in eine beschränkte zu verwandeln; die grundsätzlich unbeschränkte Haftung ist dann in eine endgültig unbeschränkte übergegangen.

b) § 2005 Abs. I S. 1: „Führt der Erbe .... so haftet er für die Nachlaßverbindlichkeiten unbeschränkt."

Es greift hier dieselbe Erwägung wie unter a) Platz.

Auf demselben Grundgedanken wie bei a) und b) beruhen weitere Beweisgründe für und gegen den einen oder anderen Grundsatz der Erbenhaftung. So aus §§ 2000 S. 3, 2006 Abs. III S. 1.

3. Endlich sieht Binder[22]) als den durchschlagendsten Beweis gegen die herrschende Lehre von der grundsätzlich unbeschränkten Haftung die Tatsache an, daß bei einer Erbenmehrheit nach BGB. zweifelsohne die beschränkte Haftung als die Regel angesehen werden müsse; aus der Haftung der Miterben sei ein Schluß auf die Haftung des Alleinerben zu ziehen und zwar um so mehr, als eine Erbenmehrheit die Mehrheit der Erbfälle bilde. Das Letztere wird zwar anzuerkennen sein, rechtfertigt aber noch keineswegs den Rückschluß, daß auch beim Alleinerben die beschränkte Haftung den Grundsatz bilde; im Gegenteil

---

[19]) DJZ. S. 369.

[20]) Goldmann S. 434; Hachenburg S. 663; ebenso namentlich auch Binder S. 67.

[21]) DJZ. S. 368; ebenso Cosack S. 719.

[22]) S. 101.

bemerkt Dernburg[23]) richtig, man lehnte sich bei der Regelung der Miterbenhaftung an die Grundsätze über die Haftung des Alleinerben an, allerdings nicht ohne Ausnahmen. Im übrigen wird aber auch bei Vorhandensein von Miterben die beschränkte Haftung nicht allgemein als die Regel anerkannt.[24])

Mir scheinen, um das Vorangegangene zusammenzufassen, die Beweise, welche für die grundsätzlich unbeschränkte Haftung sprechen, gegenüber denen, aus welchen die beschränkte Haftung als die Regel gefolgert werden kann, vorzuwiegen. Praktisch sei, bemerkt zwar Strohal,[25]) ein Unterschied gar nicht vorhanden, wenn die Einen unter ihren Ausnahmen dieselben Fälle bringen, die für die Andern die Regel sind. Aehnlich für die prozeßrechtliche Seite Gaupp-Stein (Komm. z. ZPO. 1908 Bd. II S. 513 Erl. I zu § 780). Vgl. auch Neumiller, ZPO. 1907 Erl. zu § 780. Allein mit vollem Rechte erblickt Hachenburg[26]) die praktische Seite der Streitfrage darin, daß bei Annahme der grundsätzlich unbeschränkten Haftung dem Erben gegen eine in sein Eigenvermögen betriebene Vollstreckung die Einwandsklage (d. h. ihr Erfolg) gemäß §§ 780, 781, 785, 767, 769 und 770 ZPO. bei Mangel der Anwendung eines Haftungsbeschränkungsmittels zu versagen ist, während vom Standpunkte der Gegenmeinung aus die Einwandsklage auch ohne eine Maßnahme zum Zwecke der Beschränkung der Haftung durchdringen muß.[27]) Nach RGE. vom 22. Juni 1908 (JW. 1908 S. 549) kann zwar das Sachurteil schon über das Vorliegen der materiell-rechtlichen Beschränkungsmittel sich aussprechen, aber notwendig ist es nicht, vielmehr kann sich das Urteil auf den Vorbehalt im allgemeinen beschränken und die sachliche Entscheidung hiewegen dem Vollstreckungsverfahren zuschieben, in dem nach § 781 ZPO. der Gläubiger jedes beliebige Stück des Schuldners zu seiner Befriedigung in Angriff nehmen darf und dadurch den letzteren zwingt, die Unzulässigkeit dieses Vorgehens nach Maßgabe des ausgesprochenen Vorbehalts darzutun. Wie wäre aber die Vollstreckungsgegenklage gemäß §§ 781, 785, 767 ZPO. zu entscheiden, wenn der Erbe zur Zeit deren Urteilsreife einen Rechtsbehelf zur Erlangung der Haftungsbeschränkung noch nicht angewendet hat? Diese Frage kann doch immer wieder nur vom grundsätzlichen Standpunkt aus entschieden werden.

---

[23]) S. 529.

[24]) Strohal S. 333—35; Kreß, D. Erbengemeinschaft nach dem BGB. f. d. D. R. S. 141 oben.

[25]) S. 191 Anm. 2; ebenso Oesenstätter S. 97; Eccius S. 604; Endemann S. 395 Anm. 18; dagegen unterlegen mit Recht der Streitfrage einen praktischen Wert: Frommhold S. 42 Anm. 1; Cosack S. 720, 718; Hachenburg S. 660; Martin S. 32 unten Anm. 5.

[26]) S. 660.

[27]) Vgl. auch Meyer (Hermann) S. 24; Binder S. 62.

II. Teil.

Die Inventarerrichtung im Bürgerlichen Gesetzbuch.

I. Abschnitt. Im Allgemeinen.

§ 3. Begriff und Inhalt des Nachlaßinventars.

1. Begriff. Das Nachlaßinventar ist ein Verzeichnis des Nachlasses (§ 1993 BGB.). Als solches muß es eine schriftliche Niederlegung der Nachlaßbestände enthalten. Die Inventarerrichtung besteht in der Einreichung des Inventars bei dem Nachlaßgericht.[1]) Nachlaßgerichte sind nach Reichsrecht die Amtsgerichte (§ 72 FGG.). Das Nachlaßverzeichnis kann im Interesse der Nachlaßgläubiger nur offen, nicht verschlossen oder gar versiegelt eingereicht werden.[2]) Ist es verschlossen eingereicht worden, so steht für die Regel dem Nachlaßgerichte mit Rücksicht auf § 2010 BGB. die Eröffnung jederzeit zu.[3]) Ist aber die Eröffnung des verschlossen eingereichten Inventars vom Erben dem Nachlaßgericht untersagt worden, so liegt eine wirksame Inventarerrichtung überhaupt nicht vor, denn der auf dem Gebiete der freiwilligen Gerichtsbarkeit herrschende Grundsatz judex ne eat ultra petita würde § 2010 illusorisch machen. Das Inventar hat die Eigenschaft einer Urkunde und muß daher von dem Urheber unterschrieben werden;[4]) bei Inventuren gemäß § 2002 BGB. bedarf es außerdem der Unterschrift des zuzuziehenden Beamten oder Notars.[5])

2. Inhalt. Der notwendige Inhalt des Nachlaßinventars ist im § 2001 BGB. umschrieben. Darnach sollen darin die bei dem Eintritt des Erbfalls vorhandenen Nachlaßgegenstände und die Nachlaßverbindlichkeiten vollständig angegeben werden. Außerdem soll das Inventar eine Beschreibung der Nachlaßgegenstände, soweit eine solche zur Bestimmung des Wertes erforderlich ist, und die Angabe des Wertes enthalten (vgl. für Bayern § 95 NachlO.).

---

[1]) Staudinger S. 221; Neumann, Handausg. d. BGB. f. d. D. R. 1905. Bd. 2 S. 467 Anm. 4 zu § 1993.

[2]) Jaeger S. 16 oben; Böhm bei Gruch. S. 470; Wilke, Komm. S. 67; Neumann c. l.; Binder S. 229 Anm. 50; Abw. Planck, Komm. S. 170, Erl. 2 zu § 1993.

[3]) Staudinger S. 222; Frommhold Anm. 1 z. § 2010.

[4]) Müller-Meikel S. 583.

[5]) Staudinger S. 233 vor B.

a) Nachlaßgegenstände sind Rechte und vererbliche Rechtslagen, in denen sich der Erblasser befand, z. B. das dem Erblasser gemachte Vertragsangebot, der Besitz.[6]) Nachlaßobjekte, die in den Händen des Erben, Nachlaßpflegers oder Testamentsvollstreckers untergegangen sind, sollen nach dem Wortlaut des § 2001 Abs. 1 („bei dem Eintritte des Erbfalls") ebenfalls in das Inventar aufgenommen werden; Veränderungen der aktiven Nachlaßmasse durch die genannten Personen werden aus Zweckmäßigkeitsgründen mitaufgenommen (bayer. NachlO. § 95 I S. 2).

b) Der Begriff der Nachlaßverbindlichkeiten ist schon oben in § 2 entwickelt worden. Die Nachlaßverbindlichkeiten sind in das Nachlaßinventar nach dem Stande z. Z. der Inventarerrichtung aufzunehmen. Die dem Erben gegen den Erblasser zustehenden, mit dem Erbfall kraft Konfusion erloschenen[7]) Forderungen sind ebenfalls im Inventar zu verzeichnen;[8]) es erklärt sich dies daraus, daß die Inventarerrichtung die Sicherung des Beschränkungsrechtes (s. unten) bezweckt und die Grundlage für die Trennung von Nachlaß- und Erbenvermögen bildet.

c) Die Beschreibung der Nachlaßgegenstände richtet sich ebenfalls nach dem Zeitpunkt des Erbfalls. Ihr Umfang beschränkt sich durch den gesetzlichen Zweck, die Bestimmung des Wertes der Nachlaßgegenstände zu ermöglichen. Die schriftliche Erklärung der Witwe, ihr Mann habe nur „wertlose Kleidungsstücke" hinterlassen, ist kein Nachlaßinventar (OLG. Posen in ZBlFG. 5. Jahrg. S. 797).

d) Die Angabe des Wertes der Nachlaßgegenstände bestimmt sich gleichfalls mangels besonderer gesetzlicher Vorschrift nach dem Zeitpunkt des Erbfalls.[9]) Dieser Wert ist im Falle des § 2003 BGB. — amtliche Inventur — von den Amtspersonen nach eigenem pflichtmäßigen Ermessen festzustellen; sie haben eine ihnen von dem Erben unterbreitete Wertsangabe selbständig zu prüfen (OLG. Dresden v. 21. Juni 1905 in ZBlFG. 6. Jahrg. S. 413).

Zu a)—d). Die Unterschiede hinsichtlich des maßgebenden Zeitpunktes — für Angabe, Beschreibung und Bewertung der Aktiva der Zeitpunkt des Erbfalles, für die Verzeichnung der Passiva der der Inventarerrichtung — erklären sich daraus, daß verschiedene Nachlaßverbindlichkeiten „bei dem Eintritt des Erbfalls" noch gar nicht entstanden sein können, z. B. die Beerdigungskosten (§ 1968), die Kosten der Testamentseröffnung und der Inventarerrichtung selbst. Obwohl derartige Passiva erst nach dem Erbfall entstanden sind, werden sie

---

[6]) Dernburg, D. b. R. S. 349; Binder Bd. 1 S. 30.
[7]) arg. a. contr. § 1976 BGB.
[8]) Staudinger S. 231 Erl. 2 b; Müller-Meikel S. 581.
[9]) Staudinger S. 231 Erl. 2 c; Planck, Komm. Anm. 2 z. § 2001; Böhm, Erbrecht S. 396 Anm. 6; Strohal S. 206; Abw. Mathiaß S. 564.

von dem Gesamtaktivnachlaß im Zeitpunkt des Erbfalles abgezogen. Wertsteigerungen und -Minderungen der Aktivmasse in der Zeit zwischen dem Tode des Erblassers und der Auseinandersetzung zwischen Erben und Nachlaßgläubiger nützen und schaden nur ersterem. Für Wertpapiere entscheidet der Kurswert am Todestage des Erblassers. Kursrückgänge können allerdings auch den Nachlaßgläubigern mittelbar nachteilig werden, wenn z. B. die Nachlaßaktiva nur in Wertpapieren bestehen, deren Kurswert beim Erbfall insgesamt 1000 *M* beträgt, ihnen Nachlaßschulden in Gesamthöhe von 980 *M* gegenüberstehen und im Zeitpunkt der Befriedigung der Nachlaßgläubiger der Gesamtkurswert der Wertpapiere auf 970 *M* gesunken ist, sofern der Erbe die Beschränkung seiner Haftung noch erwirkt bzw. schon erwirkt hat. In diesem Falle trifft auf die Nachlaßgläubiger nur die Konkursdividende aus 970 *M* Masse (vgl. Jaeger, Erb.-H. S. 37).

Zum regelmäßigen Inhalt eines jeden Inventars gehört ein abschließender Vergleich der einander gegenüber stehenden aktiven und passiven Posten, eine sogenannte Bilanzierung. Daß eine solche in das Nachlaßinventar aufzunehmen sei, schreibt das BGB. zwar nicht ausdrücklich vor, indessen wird sie bei der durch das Gesetz bei jeder Inventurform vorgesehenen amtlichen Mitwirkung im Inventar regelmäßig Aufnahme finden.[10])

3. Aus den Worten „sollen“ und „soll“ in § 2001 folgt, daß es sich hier nur um Ordnungsvorschriften handelt, deren Nichtbeobachtung abgesehen von arglistiger Handlungsweise des Erben (§ 2005) die Inventur nicht ungültig macht und nicht den Eintritt der an die Inventarerrichtung zugunsten des Erben geknüpften rechtlichen Wirkungen ausschließt, deren Beachtung aber durch die amtliche Mitwirkung bei der Aufnahme des Inventars gewährleistet wird.[11])

Das Nachlaßgericht kann die Annahme des bei ihm eingereichten Inventars nicht aus dem Grunde ablehnen, weil es nicht den gesetzlichen Inhalt habe; hierüber entscheidet im Streitfall nicht das Nachlaß-, sondern das Prozeßgericht.[12])

4. Die Kosten der Inventarerrichtung bilden Nachlaßschulden im Sinne des § 1967 BGB., die im Nachlaßkonkurs Masseschulden sind (§ 224 Abs. 4 KO.[13]) Für Bayern vgl. Art. 105 (106, 114) 165, 115 GebG. vom 28. April 1907 und wegen der Gebühren des Notars Art. 38 NotGebO.

---

[10]) Planck, Komm. S. 179 Erl. 3 zu § 2001; Strohal S. 206.
In Württemberg ist durch JMV. v. 21. Oktober 1899 über die Vermögensverzeichnisse eine Zusammenstellung der Aktiven und Passiven vorgeschrieben (vgl. Mayer-Reis, Lehrb. d. Famil.- u. Erbr. II. Bd. 1902 S. 234 Anm. 7).

[11]) Daraus erklärt sich auch die Bestimmung des § 2005 Abs. 2 BGB., daß im Falle unverschuldeter Unvollständigkeit der Inventarangaben sowohl bei freiwilliger als auch pflichtgemäßer Inventur die Bestimmung einer „neuen“ Frist (die bei freiwilliger Inventur allerdings erste ist) dem Nachlaßgericht anheimsteht.

[12]) Weißler S. 364; Carlebach S. 17.

[13]) Vgl. Strohal S. 181; Staudinger S. 232 II 3; abweichend Weißler S. 365.

§ 4. Arten und Formen der Inventarerrichtung.

Es sind vor allem zwei Arten der Inventarerrichtung im Erbrecht des BGB. nach ihrem Zwecke streng zu trennen:

1. Die Nachlaßinventur **mit** Bezug auf das Haftungsbeschränkungsrecht des Erben;
2. die Nachlaßinventur **ohne** Bezug auf das Haftungsbeschränkungsrecht des Erben.

Zu 1. Hier dient die Inventarerrichtung, wie in §§ 6 und 8 d. D. näher zu erörtern sein wird, in erster Linie dem Zwecke, dem Erben die Möglichkeit zu sichern, die beschränkte Haftung zu erwerben. Diese Art der Inventarerrichtung, welche wegen der Wichtigkeit der gesetzlich daran geknüpften Wirkungen ausschließlich den Gegenstand der folgenden Darstellung bilden wird, kann in drei verschiedenen Formen erfolgen:

A. Der Erbe stellt selbst das Inventar auf und reicht es nach amtlicher Beurkundung dem Nachlaßgericht ein. Hiebei muß er gemäß § 2002 BGB. eine zuständige Behörde oder einen zuständigen Beamten oder Notar zuziehen. Die Nichtbeobachtung dieser Form zieht, da § 2002 eine Mußvorschrift ist, die rechtliche Unwirksamkeit des Inventars nach sich.[1]

In der zweiten Kommission war die Zulassung eines reinen Privatinventars ohne jede amtliche Mitwirkung vorgeschlagen worden. Dieser Antrag fand jedoch keine Billigung einmal im Interesse des Erben, „der die größte Gefahr laufe, sein subjektives Inventarrecht durch ein ungenügendes und deshalb nicht zu beachtendes Inventar zu verlieren", andererseits im Interesse der Nachlaßgläubiger.[2]

Die örtliche und sachliche Zuständigkeit der zuzuziehenden Behörde oder des zuzuziehenden Beamten oder Notars und ebenso das Verfahren bei der Inventur hat nach § 200 FGG. das **Landesrecht** zu bestimmen. In **Preußen** sind teils die Amtsgerichte (nicht nur das Nachlaßgericht KG. Bd. 34, S. 92, 94) und Notare (Art. 31 Satz 3 PrFGG. v. 21. September 1899), teils die Gerichtsschreiber bei den Amtsgerichten (§ 70 AG. z. GVG. v. 24. April 1878), teils die Gerichtsvollzieher, beide als Beauftragte der Gerichte (§ 74 AG. z. GVG., OLG. Naumburg 24. November 1905, OLG. Rspr. XII S. 363, RG. im Recht 1907[833]; ferner Gesch.-Anw. f. d. Ger.-Vollz. v. 12. Dezember 1899 § 102), in Altpreußen die Dorfgerichte (Art. 108 PrFGG.), in den Oberlandesgerichtsbezirken Frankfurt und Kassel, endlich an Orten, die nicht Amtsgerichtssitze sind, die Ortgerichte zuständig. Vgl. Art. 111, 117, 122 und 123 PrFGG. i. V. m. § 8 Ziff. 1 AllgVerfg. v. 20. Dezember 1899. In **Bayern** sind nach Art. 2 BayNotG. im Zusammenhalte mit § 89 NachlO. v. 20. März 1903 nur die Notare zuständig, nicht auch der Gerichtsschreiber bei sog. Bagatellinventaren, weil § 90 Abs. 1 S. 2 NachlO.

---

[1]) Müller-Meikel S. 582; Weißler S. 352; Staudinger S. 233 B.
[2]) Protok. d. Komm. f. d. II. Lesung d. Entw. d. BGB. S. 7879; Oefenstätter S. 109.

nur für die amtliche Inventur gilt. In **Württemberg** sind außer den öffentlichen Notaren die Amtsgerichte zuständig, und zwar unter aufzeichnender Mitwirkung der örtlichen Inventurbehörde, welche aus zwei Gemeinderatsmitgliedern oder zwei vom Gemeinderat bestellten und verpflichteten Inventierern oder auch aus einem Gemeinderatsmitglied und einem Inventierer besteht (vgl. JMV. v. 21. Oktober 1899 § 5, AG. z. BGB. Art. 126, 125). In **Baden** sind ausschließlich die Notare zuständig, und zwar bezüglich beweglicher Sachen unter provisorischer Mitwirkung der örtlichen Inventurbehörde (RPG. v. 17. Juni 1899 § 43 Abs. 1 und 3; vgl. Dorner, Komm. zur badischen Rechtspolizeigesetzgebung S. 117 oben). In **Sachsen** sind prinzipiell die Amtsgerichte und Notare, kraft Delegation durch die Amtsgerichte auch die Gerichtsschreiber und Gerichtsvollzieher, endlich auch die Ortsgerichtspersonen zuständig (vgl. Ges. z. Ausf. einiger mit dem BGB. zusammenhängender Reichsgesetze v. 15. Juni 1900 §§ 37^8, 39^2, 97, 100 und 101).

Die zugezogene Behörde oder der zugezogene Beamte oder Notar ist nicht berufen, bei seiner Mitwirkung gegen den Erben sich richtende Ermittelungen anzustellen; das zugezogene Organ soll vielmehr nur dem Erben als Beistand dienen. Die Mitwirkung besteht wohl nach allen deutschen Landesrechten in der öffentlichen Beurkundung des Inventars.[3])

In **Preußen** sind die ortsansässigen Erben und Verwandten des Erblassers, u. U. auch andere taugliche Auskunftspersonen bei der Inventur zuzuziehen. Die Vermögensgegenstände und die Nachlaßverbindlichkeiten sind in folgender Reihe zu verzeichnen:

1. Grundstücke; 2. Geld (einschließlich Papiergeld und Banknoten); 3. Wertpapiere; 4. Forderungen (einschließlich Hypotheken-, Grundschuld- und Rentenschuldforderungen); 5. Gegenstände aus Edelmetall; 6. Kunstgegenstände (soweit nicht unter 5. fallend); 7. Möbel, Vorhänge, Teppiche, Decken; 8. Porzellan, Steingut, Glassachen; 9. hauswirtschaftliche Geräte aus unedlem Metall, Holz, Stein und andern Stoffen; 10. Leinen, Wäsche mit Ausnahme der Leibwäsche und Betten; 11. Leibwäsche und Kleidungsstücke; 12. Bücher, Landkarten, Schriften; 13. Instrumente, Waffen; 14. Handwerkszeug, Maschinen, landwirtschaftliche und gewerbliche Geräte; 15. Fahrzeuge und Geschirr; 16. Tiere; 17. hauswirtschaftliche Vorräte; 18. Warenvorräte; 19. sonstige Sachen und Rechte; 20. Verbindlichkeiten.

Ob bezüglich der unter 1., 2., 3., 4. und 20. etwas vorhanden ist, ist im Inventar stets festzustellen. Außer dem Werte der Gegenstände sind auch Veränderungen an ihm seit dem Erbfall zu verzeichnen. Ueber die Inventur ist ein Protokoll aufzunehmen; dieses und das Verzeichnis, wenn es eine selbständige Anlage bildet, sind alsbald dem Nachlaßgerichte zu übermitteln.

---

[3]) Weißler S. 354 u. bes. Carlebach S. 13 ff.

Für **Bayern** möchte es zweifelhaft sein, ob die §§ 94—97 NachlO. auch für die notarielle Mitwirkung bei der Privatinventur des Erben oder nur für die amtliche Inventarerrichtung durch den Notar anwendbar sind. § 274 Abs. 2 BayNotGeschO. spricht zwar allgemein von dem Verfahren der Notare bei der Errichtung von Nachlaßinventaren, trotzdem wird die Anwendbarkeit jener Bestimmungen auf die amtliche Inventur zu beschränken sein, einmal weil ihre analoge Anwendbarkeit sich doch nur für die andere Art amtlicher Inventur außer derjenigen durch den Gerichtsschreiber rechtfertigt, sodann wegen der Schwierigkeit der analogen Anwendung einzelner der fraglichen Vorschriften z. B. § 94 a. a. O., weil jeder Miterbe für sich allein ohne Beiziehung der übrigen Miterben freiwillig das Nachlaßinventar errichten kann (vgl. § 13 d. D.). Die Tätigkeit des zugezogenen Notars besteht nur darin, daß er die Angaben des Erben nach Verbeistandung und Belehrung in einer notariellen Urkunde niederlegt (vgl. Motive z. BGB. V S. 615), oder auch nur der Aufnahme des Inventars durch den Erben anwohnt, bei ihr mitwirkt und dem Erben mit Rat oder Tat beisteht (vgl. Staudinger V S. 233 b). Wegen Unterschrift des Notars vgl. oben § 3 1. a. E.; Beihilfe des Testamentsvollstreckers § 2215 I.

Für **Baden** bestimmt § 209 RPO. v. 1. März 1907, daß bei Zuziehung eines Notars dieser ein Protokoll aufzunehmen hat, welches die Angaben des Erben über die bei dem Eintritt des Erbfalls vorhandenen Nachlaßgegenstände und die Nachlaßverbindlichkeiten, dessen Beschreibung der Nachlaßgegenstände, soweit dieselbe zur Bestimmung des Wertes erforderlich ist und seine Angaben über deren Wert enthält. Der Notar soll durch entsprechende Belehrung (§§ 2005, 2006 BGB.) dahin wirken, daß das Inventar vollständig und richtig aufgenommen wird. Dagegen finden amtliche Ermittelungen des Vermögensstandes, desgleichen amtliche Schätzungen oder eine Mitwirkung der örtlichen Inventurbehörde in diesem Falle nicht statt. Wegen des Verfahrens in **Württemberg** vgl. §§ 5, 6—34 JMV. v. 21. Oktober 1899; in **Sachsen** AG. §§ 46—48, 52—53, 55, 63—69, 101; Dienstanw. f. d. Ortsgerichtspersonen §§ 7—10; SächsGeschO. f. d. Justizbehörden § 292 Abs. 4.

Die amtliche Mitwirkung leistet keine amtliche Gewähr für die Richtigkeit und Vollständigkeit des aufgenommenen Inventars. Dieses ist und bleibt ein vom Erben errichtetes. Die Inventur selbst bestimmt sich nicht nach §§ 167 ff. FGG., die sich nur auf Beurkundung von Rechtsgeschäften beziehen, sondern nach den Landesgesetzen.[4]) Dem zuzuziehenden Organ kommt zwar die Aufgabe zu, die Angaben des Erben durch Befragen zu ergänzen und das vollendete Inventar öffentlich zu beurkunden,[5]) indessen steht ihm keinerlei Zwangsgewalt gegen den Erben zu. Die Wertschätzung der Nachlaßgegenstände, welche nach

---

[4]) Weißler S. 352 u. ff.
[5]) Binder S. 230 Anm. 55.

§ 2001 Abs. 2 BGB. Bestandteil des Inventars sein soll, erfolgt durch den Erben. Hiegegen wendet Planck[6]) ein, daß auch bei Inventuren nach Maßgabe von § 2002 es dem bei der Privatinventur durch den Erben zuzuziehenden Beamten freistehen müsse, „im Falle offenbar unrichtiger, auf Unkenntnis oder Böswilligkeit beruhender Angaben des Erben sei es in einem Zusatz zum Privatinventar, sei es durch besondere Anzeige an das Nachlaßgericht seine abweichende Meinung kund zu geben".[7]) Dagegen ist aber zu erinnern, daß aus dem BGB. selbst für die von Planck vertretene Ansicht keinerlei Anhaltspunkte sich ergeben, um so weniger als nach der überwiegenden Meinung in der zweiten Kommission, welche für die endgültige Regelung ausschlaggebend war, dem bei der privaten Nachlaßinventur zuzuziehenden Beamten eine Prüfung der Angaben des Erben nicht zustehen, der Beamte sich vielmehr darauf beschränken sollte, die Angaben des Erben über den Wert der Nachlaßobjekte entgegenzunehmen und in das Inventar einzutragen.[8]) Es ist nicht erforderlich, daß die Einreichung des Inventars bei dem Nachlaßgericht von dem Erben selbst und unmittelbar erfolgt (KG. 21. Februar 1907 in ZBlFG. 1908 S. 59); auch das beigezogene Organ kann diese Aufgabe erfüllen, obwohl es zunächst nur bei der „Aufnahme" des Inventars mitzuwirken hat (vgl. Landsberg, Das Recht des BGB., Berlin 1904 S. 1163 3a).

Zur Erkundung des Nachlaßbestandes kann der Erbe nach § 2028 BGB. von denjenigen Personen, die beim Erbfall mit dem Erblasser in häuslicher Gemeinschaft gelebt haben, Auskunft darüber verlangen, welche erbschaftlichen Geschäfte sie geführt haben und was ihnen über den Verbleib der Nachlaßgegenstände bekannt ist.

Die Aufstellung und Einreichung des Privatinventars kann auch durch einen Bevollmächtigten des Erben geschehen, ohne daß es der Vorlegung einer beglaubigten Vollmacht bedürfte; Einreichung des Inventars durch einen Vertreter ohne Vertretungsmacht ist mangels nachfolgender Genehmigung des Erben gemäß § 180 BGB. unwirksam.[9])

B. Der Erbe beantragt beim Nachlaßgericht die Aufnahme des Inventars (§ 2003 BGB.).

In diesem Fall hat das Nachlaßgericht das Inventar entweder selbst aufzunehmen oder die Aufnahme einer nach Landesrecht zuständigen Behörde oder einem Beamten oder Notar zu übertragen (§ 2003 Abs. 1 Satz 1). Bezüglich der **Zuständigkeit** nach Landesrecht gilt das unter A. Gesagte (für Preußen vgl. Art. 38 PrFGG., für Württemberg §§ 5, 6—36 JMV. v. 21. Oktober 1899 Amtsbl. S. 381). Für die dem Nachlaßgericht obliegenden Verrichtungen sind

---

[6]) Komm. S. 179 Erl. 2 zu § 2001; ähnlich Burhenne (Die privatrechtlichen Inventarisierungspflichten im BGB. Diss. Rostock 1903) S. 113.

[7]) Ebenso Endemann S. 453 Anm. 23, der die Schätzung des Wertes der Nachlaßgegenstände in das Ermessen und die Pflicht des mitwirkenden Beamten verlegen will.

[8]) Carlebach S. 15, 16.

[9]) Dernburg S. 489 Anm. 8.

gemäß § 72 FGG. die Amtsgerichte zuständig. Nach Art. 148 des EG. z. BGB. können die Landesgesetze die Zuständigkeit des Nachlaßgerichts zur Aufnahme des Inventars ausschließen. Hiervon haben Gebrauch gemacht: **Bayern** in Art. 167 XVI AG. z. BGB. mit Art. 15, 63 AG. z. GVG., § 90 NachlO. v. 20. März 1903, nach welchen Bestimmungen grundsätzlich die Notare, ausnahmsweise für sog. Bagatellinventare d. h. wenn der Wert des Nachlasses ohne Abzug der Schulden den Betrag von 2000 *M* nicht oder nicht erheblich übersteigt, kraft Auftrags des Nachlaßgerichts die Gerichtsschreiber beim Amtsgericht zuständig sind; ferner **Baden** (§ 43 RPG. v. 17. Juni 1899, §§ 171 ff. RPO. v. 1. März 1907), wonach gleichfalls die Notare zur Aufnahme des Inventars zuständig sind, endlich **Bremen** und **Hamburg** im § 63 Abs. 2, § 78 Abs. 2 der betr. AG. z. BGB. und **Elsaß-Lothringen** im § 37 AG. z. FGG.[10])

Das **Verfahren** für die amtliche Inventur richtet sich

a) in Preußen nach Art. 53 ff. und 128 PrFGG. ferner §§ 26—33 AllgVerfg. v. 20. Dezember 1899, JMBl. 1899 S. 810 und §§ 32 ff. AllgVerfg. v. 28. Dezember 1899, JMBl. 1899 S. 895; vgl. Köhne-Feist S. 273,

b) in Bayern gemäß § 274 Abs. 2 BayNotGeschO. nach §§ 94—97 NachlO.; §§ 15, 16 und 23 a. a. O., welche nur für die Aufnahme des Nachlaßverzeichnisses zum Zwecke der Sicherung des Nachlasses (vgl. Ueberschrift vor § 3 NachlO.) gelten, sind hieher nicht anwendbar. Zur Aufnahme des behördlichen Inventars ist der Erbe, bei Miterben jeder Erbe und, wenn eine Ehefrau die Erbin ist, der Ehemann beizuziehen, falls der Nachlaß zum eingebrachten Gute oder zum Gesamtgute gehört (§ 94 Abs. 1 NachlO.).

Das Nachlaßgericht hat die Uebertragung der amtlichen Inventur an den Notar oder den Gerichtsschreiber diesen Beamten, dem Erben, sämtlichen Miterben und dem Ehemann der erbenden Ehefrau mitzuteilen (§ 92 NachlO.).

Die Aufnahme des Inventars findet auch beim Ausbleiben der Beteiligten statt (§ 94 Abs. 3). Protokollform § 96; Vorbereitung und Zuziehung von Schätzleuten (§ 97).

c) Für Baden sind die §§ 57 ff. AllgAusfVO. v. 11. November 1899 maßgebend. Vgl. noch Dorner (S. 453—472) unter Berücksichtigung der durch die RPO. v. 1. März 1907 §§ 171—208 begründeten Veränderungen.

d) Für Württemberg vgl. §§ 5, 6—34 JMV. v. 21. Oktober 1899; zur Aufzeichnung durch die örtliche Inventurbehörde sind die bekannten Beteiligten soweit tunlich zuzuziehen (§ 10). Beteiligte sind die Erben (§ 17 Abs. 2). Die Aufzeichnung findet auch beim Ausbleiben der Beteiligten statt (§ 10 Abs. 1 S. 2). Der Inhalt des über die Aufzeichnung aufzunehmenden Protokolls ist in § 11 Abs. 2 umschrieben. Nach der Aufzeichnung hat die örtliche Inventurbehörde das von ihr aufgenommene Protokoll nebst Beilagen dem mit der Aufnahme

[10]) Vgl. hiezu die erschöpfende Zusammenstellung der landesgesetzlichen Bestimmungen bei Burhenne, Anhang.

des Nachlaßverzeichnisses befaßten Gericht oder Bezirksnotar vorzulegen. Diese haben das Protokoll zu prüfen, wenn nötig, eine Berichtigung oder Ergänzung zu veranlassen (§ 15). Ueber die weitere Tätigkeit des Amtsgerichts oder Bezirksnotars vgl. §§ 16, 17—22, 26—34.

Wird das Inventar amtlich aufgenommen, so gilt es trotzdem als vom Erben errichtet, weil die Aufnahme des Inventars nur ein tatsächlicher Vorgang ist, die Inventarerrichtung aber einen vom Erben zu betätigenden rechtsgeschäftlichen Charakter hat.[11]) Die amtliche Inventur bleibt insofern vom Willen der Erben abhängig, als dieser durch einen jederzeit zulässigen Antrag die Fortführung des amtlichen Inventurgeschäftes unterbrechen kann.[12])

Das von Amts wegen, aber nicht vom Nachlaßgericht selbst aufgenommene Inventar ist von dem mit der Inventur betrauten Organ, nicht vom Erben selbst, dem Nachlaßgericht zu überreichen. (BGB. § 2003 Abs. 3).[13]) Die für Württemberg maßgebliche Vorschrift in Art. 127 AG. z. BGB. v. 28. Juli 1899 dürfte nur für die amtliche Mitwirkung bei der Privatinventur gelten.

Trifft bei der amtlichen Inventur die Voraussetzung des § 2005 Abs. 2 zu, so bedarf auch die Ergänzung des Inventars der öffentlichen Form.[14])

Ein nicht als Erbe berufener Pflichtteilsberechtigter hat kein Recht zur Antragstellung behufs amtlicher Inventur, vielmehr kann er nur gemäß § 2314 Abs. 1 S. 3 — nötigenfalls im Prozeßweg — den Erben zur Errichtung eines Nachlaßinventars veranlassen. Auf Grund obsiegenden Urteils kann dann der Pflichtteilsberechtigte im Wege der Zwangsvollstreckung gemäß § 887 ZPO. für den Erben die amtliche Inventur herbeiführen (KG. 4. Januar 1904 RJA. 1904 S. 94). Diese amtliche Inventuraufnahme ist aber von derjenigen des § 2003 BGB. dem Begriffe und dem Zwecke nach zu trennen, was das KG. in der zitierten Entscheidung nicht genügend beachtet.

Vom praktischen Standpunkt aus ist die amtliche Nachlaßinventur für den Erben bequemer und sicherer als die eigene Inventarisierung; andererseits fallen allerdings dem Erben die höheren Kosten der amtlichen Inventur als Nachlaßschuld zur Last.

C. Der Erbe beruft sich auf ein beim Nachlaßgericht befindliches Inventar (§ 2004 BGB.).

Dies geschieht durch eine Erklärung des Erben gegenüber dem Nachlaßgericht, daß das bei diesem befindliche Inventar als von ihm eingereicht gelten soll. Voraussetzungen dieser Inventurform sind:

a) Das in Bezug genommene Inventar muß den Vorschriften der §§ 2002, 2003 entsprechen, d. h. in einer der in A. oder B. besprochenen Formen errichtet sein.

---

[11]) Binder S. 230 Anm. 58.

[12]) Weißler S. 353, Abw. Haberstumpf; Barthelmeß, bayer. Ges. v. 9. August 1902 betr. d. Nachlaßwesen. München 1906 S. 230 § 90 Anm. 2.

[13]) Binder S. 231.

[14]) Weißler S. 353.

b) Es muß ein Nachlaßinventar sein; es genügt also z. B. nicht ein vom Erblasser selbst bei seinen Lebzeiten über sein Vermögen aufgenommenes Verzeichnis zu Handen der Nachlaßgerichts.

c) Endlich muß sich das Inventar bei dem Nachlaßgericht überhaupt, nicht notwendig bei den Nachlaßakten befinden;[15]) gleichgültig ist der Zweck, zu welchem es eingereicht wurde.

Die Erklärung des Erben, daß das Inventar als von ihm eingereicht gelten solle, braucht nicht in diesen Worten des Gesetzes abgegeben zu werden; es genügt jedwede Aeußerung, welche den hierauf gerichteten Willen des Erben unverkennbar zum Ausdruck bringt.[16]) Die Erklärung kann schriftlich abgegeben werden.[17]) Eine stillschweigende Bezugnahme des Erben auf das beim Nachlaßgericht befindliche Inventar kann bei dem gesetzlichen Erfordernis der Bezugnahmeerklärung nicht als hinreichend erachtet werden.[18])

Das beim Nachlaßgerichte befindliche Inventar kann vom negotiorum gestor, Erbschaftsbesitzer, Erben, der die Erbschaft wieder ausgeschlagen hat oder für erbunwürdig erklärt worden ist, Testamentsvollstrecker, Nachlaß-Konkursverwalter, endlich auch vom Nachlaßgericht selbst gemäß § 1960 Abs. 2 (abw. für Preußen hinsichtlich eines kraft Delegation von einem Dorfgericht aufgenommenen Inventars Art. 104 Abs. 2 S. 2 Pr. FGG. v. 21. September 1899), mit Rücksicht auf § 2001 aber nicht vom Erblasser selbst,[19]) aufgenommen sein. Rührt das in Bezug genommene, den §§ 2002, 2003 entsprechende Inventar von einem gemäß § 1960 bestellten Nachlaßpfleger her, so bedarf es zur Auslösung der Wirksamkeit des § 2004 keiner ausdrücklichen Bezugnahmeerklärung des Erben auf das dem Nachlaßgericht vorliegende Inventar; dieses gilt ohne weiteres als von dem endgültigen Erben errichtet, weil der Nachlaßpfleger hier wie in allen anderen Fällen als gesetzlicher Vertreter des Erben auftritt[20]) (vgl. RG. Bd. 65 S. 289).

Die Bezugnahmeerklärung kann auch von einem Stellvertreter und zwar ohne beglaubigte Vollmacht abgegeben werden; Vertretung ohne Vertretungsmacht in bezug auf die erwähnte Erklärung ist mit Rücksicht auf § 180 Satz 1 BGB. unzulässig;[21]) der Schlußsatz bei Planck (Komm. V Erl. 2 zu § 2004) trifft nicht die negotiorum gestio hinsichtlich der Bezugnahmeerklärung, sondern die eigene Bezugnahmeerklärung des Erben auf ein taugliches fremdes Inventar.

---

[15]) Weißler S. 357.
[16]) Dernburg S. 489.
[17]) Weißler S. 357.
[18]) Abw. Scherer, BGB. Bd. 5 S. 89.
[19]) Scherer S. 89.
[20]) Strohal S. 218 Anm. 22.
[21]) Fischer-Henle, Anm. 1 zu § 180; Kuhlenbeck, Anm. 2 zu § 1994.

An einigen Stellen (§ 2008 Abs. 1 S. 3; § 2063 Abs. 1; § 2144 Abs. 2; § 2383 Abs. 2) spricht das BGB. davon, daß das von einer Person errichtete Inventar einer anderen zustatten komme; in diesen Fällen handelt es sich natürlich nicht um Spezialfälle des § 2004, weil hier das fremde Inventar kraft Gesetzes zugunsten bestimmter Personen wirkt, ohne daß es einer Erklärung im Sinne des § 2004 bedürfte.

Zu 2. Eine Nachlaßinventur ohne Bezug auf das Haftungsbeschränkungsrecht des Erben findet in folgenden Fällen statt:

a) Wenn das Nachlaßgericht gemäß § 1960 vor Annahme der Erbschaft oder bei Ungewißheit über die Annahme, ferner bei Unbekanntsein des Erben zur Sicherung des Nachlasses die Aufnahme eines Nachlaßverzeichnisses anordnet. Der Zweck des Nachlaßinventars besteht dann nicht darin, die Beschränkbarkeit der Haftung zu sichern.[22]) Dieses Inventar kommt dem Erben nicht zustatten, wohl aber kann er sich, wie oben erwähnt wurde, nach § 2004 darauf berufen. Die Ausführung der vom Nachlaßgericht gemäß § 1960 angeordneten Inventur kann den unteren Gerichtsorganen, nach Landesrecht auch anderen Behörden und Beamten insbesondere den Notaren übertragen werden. Für Bayern vgl. Art. 2 NotG., § 274 II NotGeschO., §§ 6, 11, 14, 15, 22 und 23 NachlO. Nach Art. 128 des württembergischen AG. z. BGB. vom 28. Juli 1899 erfolgt die Aufnahme des Nachlaßverzeichnisses, wenn das ordentliche Nachlaßgericht die Aufnahme angeordnet hat, durch den Vorsitzenden dieses Gerichts, welcher die örtliche Inventurbehörde nach Maßgabe des Art. 125 Abs. 2 und 3 a. a. O. beizuziehen hat (vgl. JMB. v. 21. Oktober 1899 § 5). Für Baden vgl. Dorner (S. 115 ff.) unter Berücksichtigung der Aenderungen durch die RPO. v. 1. März 1907. Für Preußen vgl. Köhne-Feist (die Nachlaßbehandlung, Berlin 1902) S. 245.

Art. 140 EG. z. BGB. läßt die landesgesetzlichen Vorschriften unberührt, nach welchen das Nachlaßgericht auch unter anderen als den im § 1960 Abs. 1 BGB. bezeichneten Voraussetzungen die Anfertigung eines Nachlaßverzeichnisses von Amts wegen anordnen kann oder soll. Hievon hat z. B. Württemberg im Art. 89 AG. z. BGB. Gebrauch gemacht.[23])

b) Wenn ein Testamentsvollstrecker gemäß § 2215 Abs. 1 den Nachlaß verzeichnet. Auch dieses Nachlaßverzeichnis dient nicht unmittelbar der Erhaltung des Haftungsbeschränkungsrechts; dagegen kann sich der Erbe gemäß § 2004 darauf berufen, wofern es den Vorschriften der §§ 2002, 2003 entspricht. Auch während der Testamentsvollstreckung obliegen nämlich dem Erben die auf die Inventarerrichtung bezüglichen Verpflichtungen und es kann ihm eine Inventarfrist gesetzt werden, obwohl er sich nicht im Besitze des Nachlasses befindet.

---

[22]) Vgl. Planck, Komm. S. 80.

[23]) Hiernach hat bei jedem Erbfalle eine Nachlaßinventur durch das Nachlaßgericht zu erfolgen.

c) In gleicher Weise hat das von dem Nachlaßkonkursverwalter, dem Vertreter der Konkursgläubiger, angefertigte Nachlaßverzeichnis keine unmittelbare Wirkung zugunsten des Erben zwecks Sicherung der Beschränkbarkeit seiner Haftung. Selbstverständlich aber kann der Erbe auch hier nach Maßgabe des § 2004 auf das vom Konkursverwalter den §§ 2002 und 2003 entsprechend aufgenommene Inventar Bezug nehmen, was freilich nur dann rechtserheblich sein wird, wenn ihm nicht schon die Eröffnung des Nachlaßkonkurses die endgültige Beschränkung seiner Haftung verschafft hatte d. h. bei Gantverzicht nach § 202 KKO. (§§ 1975, 1989 BGB.; Planck S. 154 1 a β und die dort zitierte Literatur).

d) Wegen der Inventurpflicht des Vorerben gegenüber dem Nacherben vgl. für Preußen Köhne-Feist S. 137 3.

§ 5. Recht des Erben zur Inventarerrichtung.

Der 7. Titel des 6. Abschnitts des I. Entwurfs trug die Ueberschrift „Inventarrecht". Im BGB. ist dieselbe Materie mit „Inventarerrichtung" überschrieben. Im Gegensatz zum Inventarrecht im objektiven Sinn, dem Inbegriff der auf die Nachlaßinventur überhaupt sich beziehenden Rechtsnormen, bedeutet das Inventarrecht im subjektiven Sinn das Recht des Erben, seine grundsätzlich unbeschränkte Haftung für die Nachlaßverbindlichkeiten durch die vom Gesetz für geeignet erklärten Maßnahmen in eine beschränkte Haftung umzuwandeln.

Das BGB. hat im Gegensatz zum I. Entwurf und zu der bisherigen Rechtssprache den Begriff des subjektiven Inventarrechts deshalb mit Recht vermieden, weil der in der öffentlichen Kritik des I. Entwurfes erhobene Einwand gebilligt werden muß, das Recht des Erben zur Beschränkung seiner Haftung könne nicht wohl als subjektives Inventarrecht bezeichnet werden, weil es dem Erben kraft Gesetzes auch ohne Inventar zustehe. Im Folgenden wird die im I. Entwurf mit „Inventarrecht" bezeichnete Befugnis des Erben, Maßnahmen zur Beschränkung seiner Haftung zu treffen, kurz „Haftungsbeschränkungsrecht" genannt werden.

§ 1993 BGB. bestimmt: „Der Erbe ist berechtigt, ein Verzeichnis des Nachlasses bei dem Nachlaßgericht einzureichen (Inventarerrichtung)." Daraus ergibt sich zunächst, daß der Erbe aus eigenem Antrieb ein Nachlaßinventar in einer der im vorigen Paragraph unter 1. A.—C. beschriebenen Formen errichten kann, und daß einem solchen freiwilligen Inventar dieselben Wirkungen zukommen, wie einem zur Erfüllung der Inventarpflicht errichteten.[1]) (Für Bayern vgl. § 91 NachlO.)

---

[1]) Staudinger S. 221; Neumann 1143; Planck, Komm. Erl. 1 z. § 1993.

Dieses Recht des Erben zur Inventarerrichtung ist vom Gesetz an keine Frist gebunden, kann also noch beliebig viele Jahre nach dem Erbfall ausgeübt werden. Aus der Befugnis des Erben, das von ihm aus eigener Initiative aufgenommene Inventar beim Nachlaßgericht einzureichen, folgt andererseits die Verpflichtung des Nachlaßgerichts, das eingereichte Verzeichnis anzunehmen. Die bloße Aufstellung des Nachlaßverzeichnisses bringt ja dem Erben noch nicht die an die Inventarerrichtung gesetzlich geknüpften Vorteile; diese treten nach dem oben § 3 1. Gesagten erst mit der Inventarerrichtung, d. h. mit vollzogener Einreichung des Inventars beim Nachlaßgericht ein. Stünde es bei diesem, das eingereichte Inventar zurückzuweisen, so entbehrte das im § 1993 dem Erben gewährleistete Recht jeder praktischen Bedeutung. Gegen ein ablehnendes Verhalten des Nachlaßgerichts steht dem Erben gemäß § 20 Abs. 1 FGG. die Beschwerde zu.

Auf den ersten Anblick ist im § 1993 eigentlich etwas Selbstverständliches gesagt. „Wer wollte und was könnte den Erben hindern, ein Verzeichnis des Nachlasses anzufertigen und warum wird dies als besonderes Recht des Erben bezeichnet?“ [2]) Dem § 1993 kann eine materielle Bedeutung nur dann beigemessen werden, wenn aus der freiwilligen Nachlaßinventur für den Erben Vorteile und Befugnisse entspringen. Wäre dies nicht der Fall, so müßte man der irrigen Ansicht Endemanns [3]) beipflichten, das Nachlaßinventar gelange heute nur noch auf Betreiben eines Nachlaßgläubigers zu rechtlicher Bedeutung und § 1993 sei ein Rechtssatz ohne materiellen Inhalt.

§ 6. Wirkungen der Ausübung dieses Rechtes.

I. Für den Erben.

1. Kraft ausdrücklicher Vorschrift in § 2009 bewirkt eine rechtzeitige Errichtung des Inventars im Verhältnis zwischen dem Erben und den Nachlaßgläubigern die gesetzliche Vermutung, daß zur Zeit des Erbfalles weitere Nachlaßgegenstände als die angegebenen nicht vorhanden gewesen seien.

Da § 2009 eine Beschränkung dieser Wirkung rechtzeitiger Nachlaßinventur auf die Inventarerrichtung zwecks Wahrung der Inventarfrist nicht vorsieht, muß er folgerichtig auch auf die freiwillige Nachlaßinventur Anwendung finden, weil mangels einer Frist die freiwillige Inventur jederzeit eine rechtzeitige ist.[1])

Diese gemäß § 292 ZPO. widerlegbare Rechtsvermutung gewährt dem Erben einen prozessualen Beweisvorteil, weil den Nachlaßgläubiger die Beweislast trifft, wenn er mit der Behauptung hervortritt, es seien zur Zeit des Erbfalles noch weitere Nachlaßgegenstände als die im Inventar verzeichneten vorhanden gewesen (vgl. ObLG. v. 15. April 1907

---

[2]) Wendt S. 393.
[3]) S. 391, 451.
[1]) Wendt S. 395.

Recht 1907 Nr. 1318). Diese Verschiebung der Beweislast kann unter Umständen für den Erben von großer Bedeutung werden und es geht deshalb zu weit, wenn Eccius[2]) behauptet, der Satz des § 2009 sei zwar vollklingend aber kaum von rechtlicher Erheblichkeit. Kommt z. B. der Erbe in die Lage, den Nachlaßgläubigern über den aktiven Nachlaßbestand zur Zeit des Erbfalls Nachweis erbringen zu müssen (z. B. im Falle des § 1978), so kann er sich zu diesem Zwecke einfach auf die Vermutung des § 2009 berufen und den Nachlaßgläubigern den Beweis des Gegenteiles überlassen.

Will ein Nachlaßgläubiger, nachdem der Erbe seine Haftung beschränkt hat, Befriedigung aus einem nicht im Inventar enthaltenen Gegenstand suchen und behauptet der Erbe, jener Gegenstand habe nicht zum Nachlaß zur Zeit des Erbfalles gehört, so liegt ersterem der Nachweis dafür ob, daß der von ihm in Anspruch genommene Gegenstand wirklich zum Nachlaß gehört.[3]) Gelingt ihm dieser Nachweis, so kann entweder dem Erben eine „neue" Inventarfrist zwecks Ergänzung des Inventars gemäß § 2005 Abs. 2 bestimmt werden oder das Inventar muß so bald als möglich berichtigt werden.[4]) Man möchte nach dem Wortlaut des § 2005 Abs. 2 leicht zu der Folgerung versucht sein, jene Gesetzesstelle habe nur diejenigen Fälle der Nachlaßinventur zum Gegenstand, bei denen bereits eine erste Inventarfrist bestimmt war. Es leuchtet indessen ein, daß der Erbe, der den Nachlaß freiwillig und ohne Verschulden mangelhaft verzeichnete, wegen dieser unverschuldeten Fehlerhaftigkeit des Inventars nicht ohne weiteres Schaden erleiden kann, daß vielmehr das Nachlaßgericht auch hier eine Ergänzungsfrist setzen darf (vgl. Strohal S. 211). Die Ergänzung oder Berichtigung ist aber ausgeschlossen, wenn sich herausstellt, daß der Erbe die Unvollständigkeit des Inventars dolos im Sinne des § 2005 Abs. 1 herbeigeführt hat; denn in diesem Fall haftet der Erbe endgültig unbeschränkt.[5]) Trotz der Vermutung aus § 2009 kann jeder Nachlaßgläubiger vom Erben die Leistung des Offenbarungseides in bezug auf Vollständigkeit des Inventars nach Maßgabe des § 2006 Abs. 1 fordern und dadurch die Vermutung des § 2009 praktisch allerdings fast bedeutungslos machen, freilich nur gerade gegenüber ihm, der den Offenbarungseid verlangt hat, nicht aber im Verhältnis zu den übrigen Nachlaßgläubigern (§ 2006 Abs. 3 S. 1).

Die Vermutung aus § 2009 bezieht sich, wie der Wortlaut dieses Paragraphen ergibt, nicht auf den Wert der verzeichneten Nachlaßobjekte, nicht auf die Nachlaßaktiva nach Eintritt des Erbfalls, nicht auf die Nachlaßverbindlichkeiten, endlich auch nicht darauf, daß die angegebenen Nachlaßbestände auch wirklich zum Nachlaß gehören.[6])

---

[2]) S. 636.
[3]) Müller=Meikel S. 584; Binder S. 234; Wendt S. 394.
[4]) Binder S. 234.
[5]) Binder c. l.; hierüber s. u. § 9.
[6]) Jaeger, Erb.=Haftg. S. 7 Anm. 12.

Die Vermutung gilt nur im Verhältnis zwischen dem Erben und den Nachlaßgläubigern; zu diesen gehören nach § 1967 Abs. 2 neben den eigentlichen Nachlaßgläubigern u. a. auch Pflichtteilberechtigte, Vermächtnisnehmer und Auflageberechtigte, nicht aber der wirkliche Erbe gegenüber dem Erbschaftsbesitzer, der Nacherbe gegenüber dem Vorerben, der Miterbe gegenüber den übrigen Miterben.[7]) Wendt (S. 395) vertritt die Ansicht, der § 2009 sei zu eng gefaßt, er müsse auch im Verhältnis zwischen dem wirklichen Erben und dem Erbschaftsbesitzer und unter Miterben bei der Erbteilung Anwendung finden. Für diese ausdehnende Auslegung des § 2009 gibt jedoch das Gesetz keinerlei Anhalt, wiewohl nicht zu verkennen ist, daß sowohl der Nacherbe gegenüber dem Vorerben, als auch der wahre Erbe gegenüber dem Erbschaftsbesitzer über den Bestand der Erbschaft Auskunft zu verlangen befugt ist (§§ 2027, 2127), und daß die zur Auskunft Verpflichteten dieser Verpflichtung am besten und sichersten durch Bezugnahme auf ein von ihnen aufgestelltes Nachlaßinventar genügen können. In diesem Falle würde aber aus § 2009 keinerlei Vermutung für die Vollständigkeit des als Beleg beigebrachten Inventares gefolgert werden können,[8]) wohl aber würde dieses Inventar für die freie richterliche Beweiswürdigung in bezug auf die Vollständigkeit seiner Angaben als wertvolles Beweismittel dienen.

Die Vermutung des § 2009 gilt ferner nicht im Verhältnis zwischen dem Erben und seinen persönlichen Gläubigern; nach dem strengen Wortlaut des § 2009 auch nicht zwischen letzteren und den Nachlaßgläubigern.[9])

§ 2009 kommt dem Erben selbstverständlich auch dann zustatten, wenn er sich auf ein kraft Gesetzes für ihn wirksames Inventar (§§ 2008, 2063, 2144, 2383) stützen will.[10])

Das rechtzeitig errichtete Nachlaßinventar muß, um die Rechtsvermutung des § 2009 begründen zu können, zwar formell, nicht aber materiell richtig sein, d. h. nicht jede Mangelhaftigkeit nimmt dem Inventar seine Wirkung gemäß § 2009, sondern nur ein Mangel, der so einschneidend ist, daß er dem Wesen und dem Zweck der Nachlaßinventur im gegebenen Fall zuwider läuft.[11]) Dagegen muß die Beobachtung der für die Inventur vorgeschriebenen Form (§§ 2002—2004) als Bedingung der Beweiskraft des Inventars nach § 2009 erachtet werden.

Von der im § 2009 aufgestellten Rechtsvermutung wird der Erbe Gebrauch machen, wenn er den Nachlaßgläubigern nach Maßgabe des

---

[7]) Frommhold Anm. 2 z. § 2009; Planck, Komm. S. 194; Strohal S. 208; Böhm, Erbrecht S. 384 Anm. 4; Neumann Anm. 2a z. § 2009; Mayer-Reis S. 240 Anm. 9.

[8]) Dies hebt Eck (S. 31) nicht genügend hervor.

[9]) Ebenso Weißler S. 359 Anm. 19; Planck S. 194 Anm. c; Strohal II § 73 Anm. 7.

[10]) Staudinger 244 Anm. 2.

[11]) Binder S. 234 Anm. 75; Hachenburg S. 670; Weißler S. 358; Endemann S. 450 Anm. 2; Planck, Komm., S. 194 Anm. a; Böhm, b Gruchot S. 464.

§ 1978 Rechenschaft ablegen muß oder wenn er bei Geltendmachung der Beschränkung seiner Haftung gemäß §§ 1973, 1974, 1990, 1992 den Umfang seiner Herausgabepflicht bestimmen und sich vor Zugriffen der Nachlaßgläubiger auf Gegenstände seines Eigenvermögens schützen will[12]); in allen diesen Fällen erleichtert die Vermutung des § 2009 dem Erben den Nachweis des Nachlaßbestandes.

2. Die freiwillige Inventarerrichtung schützt den Erben vor Schadensersatzansprüchen der Nachlaßgläubiger aus §§ 1979, 1980 Abs. 2.[13])

a) Nach § 1979 müssen die Nachlaßgläubiger nach Anordnung der Nachlaßverwaltung oder Eröffnung des Nachlaßkonkurses die Berichtigung einer Nachlaßverbindlichkeit durch den Erben als für Rechnung des Nachlasses erfolgt gelten lassen, wenn der Erbe den Umständen nach annehmen durfte, daß der Nachlaß zur Berichtigung aller Nachlaßverbindlichkeiten ausreiche. Daß er zu dieser Annahme sich befugt halten durfte, wird der Erbe natürlich am besten durch Bezugnahme auf den Inhalt eines ordnungsmäßigen (freiwilligen) Nachlaßverzeichnisses dartun können; freilich ist nicht ausgeschlossen, daß auch andere Umstände den Erben zur Annahme der Zulänglichkeit des Nachlasses berechtigt erscheinen lassen können, z. B. wenn im Gläubigeraufgebot nur so viele Forderungen angemeldet werden, daß deren Gesamtbetrag den Bestand des Nachlasses zweifellos nicht erschöpft.[14]) Gelingt es dem Erben, an der Hand eines Nachlaßinventars darzutun, daß er den Nachlaß für zulänglich erachten konnte, so kann er im Falle nachträglicher Beschränkung seiner Haftung — § 1979 ist auf die übrigen Fälle der Haftungsbeschränkung außer durch Anordnung der Nachlaßverwaltung oder durch Eröffnung des Nachkonkurses entsprechend anzuwenden (§ 1991 Abs. 1) — den zur Berichtigung einer Nachlaßverbindlichkeit aus seinem Eigenvermögen verausgabten Betrag von den Nachlaßgläubigern ersetzt verlangen oder vor Herausgabe des Nachlasses zum Zwecke der Befriedigung der Gläubiger im Wege der Zwangsvollstreckung vom Aktivnachlaß oder von dem an seine Stelle tretenden Wert abziehen (§ 1992). Hatte er eine Nachlaßschuld mit Mitteln des Nachlasses getilgt, so muß diese Auslage unter den Voraussetzungen des § 1979 als Ausgabe des Nachlasses in Rechnung gestellt werden.[15])

Trifft die Voraussetzung des § 1979 nicht zu, hatte insbesondere der Erbe unterlassen, durch freiwillige Nachlaßinventur sich zuverlässige Kenntnis über den Nachlaßbestand zu verschaffen, und berichtigte er,

---

[12]) Frommhold, Anm. 1 z. § 1993; Hachenburg S. 678; Endemann S. 429; Eck S. 30.

[13]) Eck S. 31.

[14]) Vgl. Böhm, Erbr. S. 385; Strohal S. 267.

[15]) Strohal, c. l.

blindlings den Nachlaß hinreichend wähnend, eine Nachlaßverbindlichkeit aus seinem Eigenvermögen, so kann er bei späterer Geltendmachung seiner Haftungsbeschränkung nur die Einräumung der Stelle des befriedigten Gläubigers im Konkurs also nur die Konkursdividende verlangen (KKO. § 225 II).[16]) Im übrigen ist der Erbe nach § 1978 verantwortlich, unter Umständen daher gemäß § 276 schadensersatzpflichtig, wenn er einen Nachlaßgläubiger aus dem Nachlaß ganz befriedigte, und zwar insoweit, als die volle Höhe der Forderung die dem Gläubiger rechtmäßig zukommende Konkursdividende übersteigt unter Einbeziehung des betreffenden Nachlaßgläubigers und des an ihn aus dem Nachlaß Hinausgegebenen.

b) Gemäß § 1980 ist der Erbe, wenn er nicht unverzüglich nach erlangter Kenntnis von der Ueberschuldung des Nachlasses die Eröffnung des Nachlaßkonkurses beantragt, den Nachlaßgläubigern für den daraus entstehenden Schaden verantwortlich. Der Kenntnis der Ueberschuldung steht nach Abs. 2 S. 1 daselbst die auf Fahrlässigkeit beruhende Unkenntnis gleich. Hatte der Erbe freiwillig in gesetzlicher Form ein Inventar errichtet und trotz Aufwendung der im Verkehr erforderlichen Sorgfalt (§ 276 Abs. 1 S. 2 BGB.) die Ueberschuldung des Nachlasses übersehen und demgemäß den Antrag auf Eröffnung des Nachlaßkonkurses verzögert, so trifft ihn deshalb keine Verpflichtung zum Schadensersatz gegenüber denjenigen Nachlaßgläubigern, welche aus der Verzögerung des Konkursantrages Schaden nehmen. Unterläßt der Erbe, den Nachlaß zu verzeichnen, so kann unter Umständen aus diesem Verhalten seine fahrlässige Unkenntnis von der Ueberschuldung des Nachlasses gefolgert werden.[17]) „Wer die Aufzeichnung des Nachlasses unterläßt," sagt Wendt,[18]) „obwohl Umstände vorhanden sind, welche die Zulänglichkeit des Nachlasses als zweifelhaft erscheinen lassen, der handelt in jenem Sinn (des § 1980 Abs. 2 S. 1) fahrlässig."[19])

Trotz freiwilliger Inventur kann aber selbstverständlich der Erbe aus § 1980 Abs. 1 ersatzpflichtig werden, wenn er nach erlangter Kenntnis von der Ueberschuldung des Nachlasses die Stellung des Konkursantrages schuldhaft verzögert.

3. Der schwerwiegendste Vorteil, den der Erbe aus der freiwilligen Inventarerrichtung zieht, liegt auf dem Gebiete der Beschränkung seiner Haftung für die Nachlaßverbindlichkeiten.

Im Eingang dieser Darstellung wurde der Nachweis versucht, daß das BGB. von dem Prinzip der unbeschränkten Erbenhaftung ausgegangen ist, die beschränkte Haftung nur unter gewissen Voraussetzungen

[16]) Wendt S. 397.
[17]) Beuster S. 81 oben; Strohal S. 264 vor d.
[18]) S. 396.
[19]) Vgl. Planck, Komm. S. 142 c; Böhm, Erbrecht S. 385; Kulmey S 37.

(§§ 1990 ff.) und bei Einleitung gewisser Maßnahmen (§§ 1975, 1973, 1974) eintreten und die vorläufig unbeschränkte Haftung zur endgültig unbeschränkten werden läßt, wenn jene Voraussetzungen und Maßnahmen unmöglich geworden sind.

Die ordnungsmäßige, dem freien Willen des Erben entsprungene Inventarerrichtung **sichert** dem Erben **sein Haftungsbeschränkungsrecht** für alle Zukunft **gegen Verlust durch Versäumung der Inventarfrist.**[20]) Sie ist ein Mittel zur fortdauernden Erhaltung des Rechtes des Erben, die Beschränkung seiner Haftung für die Nachlaßverbindlichkeiten auf den Nachlaß herbeizuführen.[21]) Denn es kann ihm später keine Inventarfrist mehr gesetzt werden, aus deren Versäumung, wie unten darzustellen sein wird, für ihn der Nachteil der endgültig unbeschränkten Haftung entspringt;[22]) vielmehr ist ein Antrag eines Nachlaßgläubigers auf Bestimmung einer Inventarfrist nach einer den Formvorschriften der §§ 2002—2004 entsprechenden, freiwilligen Inventarerrichtung vom Nachlaßgericht von kurzer Hand zurückzuweisen,[23]) weil es, wie Hachenburg (S. 666) richtig ausführt, „ein zweckloser Formalismus wäre, wollte man den Erben durch Bestimmung einer Frist zu der Erklärung nötigen, das von ihm eingereichte Inventar sollte als Vollzug der Auflage gelten." (Vgl. für Preußen Köhne-Feist S. 265 unten.) Daraus folgt, daß der Eintritt der endgültig unbeschränkten Haftung wegen Versäumung der Inventarfrist nach freiwilliger Nachlaßinventur ausgeschlossen ist und **insoweit** die Voraussetzung des § 2013 Abs. 1 S. 1 entfällt, weshalb die Vorschriften der §§ 1973—1975, 1989—1992, welche die Mittel zum Erwerbe der beschränkten Haftung feststellen, fortdauernd Geltung behalten müssen.[24])

Es bleibt aber zu bedenken, daß die unbeschränkte Haftung, welche in § 2013 Abs. 1 S. 1 näher umschrieben ist, auch noch aus anderen Gründen als wegen Versäumung der Inventarfrist eintreten kann (§§ 2005, 2006) und daß selbst nach erfolgter freiwilliger Nachlaßinventur ungeachtet der Ablehnung eines auf Bestimmung der Inventarfrist gestellten Antrages eines Nachlaßgläubigers die übrigen auf die Nachlaßinventur sich beziehenden Verpflichtungen des Erben bestehen bleiben. Deren Verletzung zieht nach wie vor den Eintritt der Voraussetzung des § 2013 Abs. 1 S. 1 und damit die endgültig unbeschränkte Haftung

[20]) Wendt S. 396 oben; Binder S. 235.

[21]) Strohal S. 209; Endemann S. 392; Frommhold, Anm. 1 zu § 1993; Hachenburg S. 666; Kipp S. 497 VIII.

[22]) Jaeger, Erb.-Haftg. S. 15.

[23]) Binder S. 235; Hachenburg S. 666; Wendt S. 396; Planck, Komm. S. 168 cc. KG. 21. Februar 1907 im Recht 1907 Nr. 8 S. 513.

[24]) Eck S. 31 arg. a. c. § 2013 Abs. 1 S. 1.

nach sich. Die Inventarisierungspflicht als solche bleibt rechtlich trotz Ablehnung des Antrags auf Setzung einer Inventarfrist bestehen. Die freiwillige Inventur beseitigt nicht die Inventarpflicht i. e. S., sondern verhütet nur ihre Verletzung.

Es geht also zu weit, wenn in der Literatur die allgemeine Ansicht vertreten wird, die formgerechte, freiwillige Nachlaßinventur schneide schlechterdings den Gläubigern die Möglichkeit ab, den Erben für die Nachlaßschulden unbeschränkt haftbar zu machen.[25] Der Erbe haftet selbst nach freiwilliger, formgerechter Inventarerrichtung endgültig unbeschränkt, wenn er, nachdem ein Inventarfristsetzungsantrag vom Nachlaßgericht mit Rücksicht auf das freiwillig errichtete Inventar abgelehnt worden ist, die Inventarpflichten im weiteren Sinne nachträglich verletzt oder früher schon verletzt hatte (vgl. unten § 7 B).

Allerdings ist die Inventarerrichtung keine unerläßliche Voraussetzung für den Erwerb der beschränkten Haftung; die hiefür dienlichen Maßnahmen stehen dem Erben auch ohne Inventarerrichtung kraft Gesetzes zu.[26]

Durch die Inventarerrichtung allein wird nach BGB. — im Gegensatz zum beneficium inventarii des römischen und gemeinen Rechtes[27] — die Haftung des Erben noch nicht beschränkt, vielmehr bleibt die grundsätzlich unbeschränkte Haftung trotz der Inventur solange fortbestehen, bis der Erbe ein zum Erwerb der beschränkten Haftung geeignetes Mittel angewendet hat oder die Beschränkung nach Maßgabe der §§ 1990 ff. ipso jure eintritt.

Die Nachlaßinventur hat demgemäß im BGB. nicht mehr die Bedeutung eines selbständigen Mittels zur Beschränkung der Haftung;[28] sie hat nur den Zweck der Vorsorge.

Der aus der freiwilligen Nachlaßinventur für den Erben folgende Vorteil der dauernden Sicherung des Haftungsbeschränkungsrechts gegen Verlust durch Versäumung einer ihm später etwa zu setzenden Inventarfrist entfällt natürlich in den Fällen, in denen dem Erben eine Inventarfrist überhaupt nicht bestimmt werden kann (vgl. § 10 d. A.). In jenen Fällen ist aber natürlich jener Vorteil belanglos, weil dort der Eintritt der endgültig unbeschränkten Haftung grundsätzlich ausgeschlossen ist.

4. Rein tatsächliche Vorteile erlangt der Erbe aus der freiwilligen Inventarerrichtung insofern, als er durch sie eine zuverlässige Kenntnis der zum Nachlaß gehörigen Aktiva und Passiva erhält und

---

[25]) Vgl. die zu Anm. 21 angeführte Literatur; auch Wendt S. 396 und Binder S. 67 oben.

[26]) Endemann S. 450; Staudinger S. 219 unten.

[27]) Dernburg, d. b. R. S. 485.

[28]) Ebenso: Binder S. 222 u. S. 68 oben; Strohal S. 209; Endemann S. 375; Cosack S. 721; Jaeger, Erb.Haftg. S. 2; Staudinger S. 220, OLG. Dresden 21. Juni 1905, ZBlFG. VI S. 410; Abw.: Böhm, bei Gruchot S. 461.

auf Grund davon sich entschließen kann, ob er die Erbschaft ohne Gefahr für sein Eigenvermögen annehmen kann oder von seinem Ausschlagungsrechte Gebrauch machen soll, um sich von vorneherein jeder Gefahr persönlicher Haftung oder anderer unliebsamer Eventualitäten (Leistung des Offenbarungseids gemäß § 2006) zu entschlagen.

Ist der Erbschaftserwerb endgültig geworden, so eröffnet die freiwillige Inventarerrichtung dem Erben eine Uebersicht über den Aktiv- und Passivbestand des Nachlasses und je nach dem Befund die Wahl zwischen den ihm zur Verfügung stehenden Rechtsbehelfen.[29])

Nach alledem dürfte die Ansicht Hagens,[30]) das Inventar komme im BGB. einem wirklich praktischen Bedürfnis nicht mehr entgegen, vor allem wegen des Interesses des Erben an ihm zu weit gehen, wiewohl nicht zu verkennen ist, daß die Inventarerrichtung im BGB. die bedeutsame Rolle verloren hat, die sie im römischen und gemeinen Rechte spielte. Ebensowenig aber kann aus obigen Gründen der Behauptung von Enneccerus-Lehmann[31]) zugestimmt werden, die Inventarerrichtung sei nicht mehr ein Schutzmittel für den Erben, sondern ein solches zugunsten der Nachlaßgläubiger; es bestehe nicht sowohl ein Inventarrecht, als vielmehr eine Inventarpflicht des Erben;[32]) eher dürfte das Mahnwort Rügers[33]) zu billigen sein: „Auf jeden Fall soll ein vorsichtiger Erbe sobald als möglich ein sorgfältiges Verzeichnis der Nachlaßaktiven und Passiven aufstellen, selbst dann, wenn die Zahlungsfähigkeit des Nachlasses außer allem Zweifel zu stehen scheint."

II. Für die Nachlaßgläubiger.

1. Das vom Erben freiwillig errichtete Inventar, dessen Einsicht ihnen vom Nachlaßgericht jederzeit zu gestatten ist (§ 2010), eröffnet den Nachlaßgläubigern eine zuverlässige Kenntnis des aktiven und passiven Nachlasses und sie können auf Grund hiervon ermessen, welche Schritte sie zur Geltendmachung ihrer Forderungen einschlagen und welche Rechtsbehelfe sie zur Erhaltung ihrer in der Hand des Erben befindlichen Befriedigungsobjekte ergreifen müssen.[34])

a) Ergibt sich aus dem Inventar die Zulänglichkeit der Nachlaßaktiva zur Deckung aller Nachlaßschulden und befürchten die Nachlaßgläubiger eine Benachteiligung durch die Erbengläubiger oder ein ihnen nachteiliges Verhalten des Erben gegenüber den Nachlaßgegenständen, so werden sie möglichst bald die Anordnung einer Nachlaßverwaltung beantragen (§ 1981 Abs. 2), um auf diese Weise eine Trennung

---

29) Oefenstätter S. 101.
30) S. 186.
31) S. 703.
32) Vgl. dagegen Dernburg, D. b. R. S. 485.
33) S. 477.
34) Dernburg, D. b. R. S. 485.

der durch den Erbfall vermischten Vermögensmassen des Erblassers und des Erben herbeizuführen, die Verfügungsmacht des Erben über den Nachlaß auszuschließen und sich die alleinige Befriedigung aus dem Nachlaß ohne Konkurrenz der Erbengläubiger zu sichern (§§ 1981, 1984, 1985).

b) Erhellt dagegen aus dem Inventar eine Ueberschuldung des Nachlasses, so werden die Nachlaßgläubiger baldmöglichst die Eröffnung des Nachlaßkonkurses beantragen (KO. § 217 Abs. 1) — zum Nachweis der Ueberschuldung des Nachlasses als Voraussetzung der Konkurseröffnung eignet sich natürlich am besten ein Nachlaß-Inventar —, um sich die par creditorum conditio zu sichern, die ohne Nachlaßkonkurs bei der Möglichkeit, daß der Erbe einzelne Gläubiger auf Kosten der übrigen befriedigt, äußerst gefährdet ist.

c) Mangeln die Voraussetzungen für einen Antrag auf Anordnung der Nachlaßverwaltung oder Eröffnung des Nachlaßkonkurses (§ 1981 Abs. 2 BGB., §§ 217, 219, 220 KO.) oder sind diese Maßnahmen zwar zulässig aber untunlich, oder wird wegen Untunlichkeit ein derartiger Antrag entweder gar nicht gestellt oder gemäß §§ 1982 BGB., 107 KO. abgelehnt, oder endlich, wird wegen Mangels einer den Kosten entsprechenden Masse die Nachlaßverwaltung wieder aufgehoben oder das Konkursverfahren eingestellt (§ 1988 Abs. 2 BGB., § 204 KO.), so bildet regelmäßig das Inventar für die Nachlaßgläubiger die Grundlage für eine gegen den Erben durchzuführende Zwangsvollstreckung in die zum Nachlaß gehörenden Gegenstände (§ 1990) und schützt die Gläubiger dagegen, daß der Erbe gegen eine Vollstreckungsmaßnahme Einwendungen wegen Beschränkung seiner Haftung mit der Behauptung erhebt, der gepfändete Gegenstand habe nicht zum Nachlaß gehört. Zwar folgt aus § 2009 zugunsten der Nachlaßgläubiger keine rechtliche Vermutung dafür, daß die im Inventar verzeichneten Nachlaßgegenstände auch wirklich zum Nachlaß gehören (s. oben § 6 I 1), wohl aber dürfen sie, wenn man noch die amtliche Mitwirkung bei der privaten Inventur in Rücksicht zieht, mit ziemlicher Sicherheit annehmen, daß die verzeichneten Gegenstände auch wirklich Nachlaßbestandteile sind.[35])

d) In allen Fällen der beschränkten Haftung des Erben und wo immer es sich um Verfolgung von Nachlaßgegenständen **Dritten** (den Erbengläubigern) **gegenüber** handelt, bietet das Nachlaßinventar den Nachlaßgläubigern Schutz gegen Verschleierung oder Verschleuderung

---

[35]) Enneccerus-Lehmann S. 704.

der zum Erblasservermögen gehörenden Gegenstände.[36]) Beruft sich der Erbe auf die Beschränkung seiner Haftung, so muß der klagende Nachlaßgläubiger denjenigen Nachlaßgegenstand, der zu seiner Befriedigung dienen soll, bezeichnen und dazu wird er sich am besten des vom Erben errichteten Inventars bedienen.[37])

2. Nach freiwilliger Errichtung des Inventars ist der Erbe nicht mehr berechtigt, die Berichtigung einer Nachlaßverbindlichkeit bis zum Ablauf der ersten drei Monate nach der Annahme der Erbschaft zu verweigern (§ 2014). Die ratio legis ist, daß der Erbe durch Vollendung des Inventars genauen Einblick in den Nachlaßbestand gewinnt und sich demgemäß alsbald über den Umfang seiner Haftung unterrichten und über die zu beschreitenden Wege schlüssig machen kann.[38]) An dem Wegfall der durch § 2014 dem Erben eingeräumten aufschiebenden Einrede hat ein Nachlaßgläubiger natürlich das größte Interesse, weil er dann ungehindert gegen Erbenvermögen und Nachlaß vorgehen und, sofern der Erbe nicht sogar unbeschränkt haftet, wenigstens sofort aus dem Nachlaß Befriedigung suchen kann.

3. Ist der Erbe nach Anordnung der Nachlaßverwaltung oder nach Eröffnung des Nachlaßkonkurses oder nach Geltendmachung der Einrede der Unzulänglichkeit für die bisherige Verwaltung des Nachlasses gemäß § 1978 rechenschaftspflichtig, so bildet das freiwillig errichtete Inventar für die Nachlaßgläubiger die Grundlage für die Erhebung eines Ersatzanspruches, indem es ihnen den Nachweis ermöglicht, daß Nachlaßobjekte in der Hand des Erben untergegangen oder verschlechtert worden sind. Derartige Ersatzansprüche gelten nach § 1978 Abs. 2 als zum Nachlaß gehörend und müssen daher zur Befriedigung der Nachlaßgläubiger verwendet werden.

Beruft sich der Erbe nach Maßgabe des § 1979 darauf, daß die Nachlaßgläubiger die Berichtigung einer Nachlaßverbindlichkeit als für Rechnung des Nachlasses erfolgt gelten lassen müssen, weil er (der Erbe) den Umständen nach annehmen durfte, der Nachlaß werde zur Berichtigung aller Nachlaßschulden ausreichen, so wird unter Umständen das vom Erben aus eigener Initiative errichtete Inventar den Nachlaßgläubigern den Nachweis eröffnen, daß der Erbe zu jener Annahme den Umständen nach nicht befugt gewesen war.

Endlich erleichtert das vom Erben freiwillig errichtete Inventar den Nachlaßgläubigern den Beweis, daß seine Unkenntnis von der Ueberschuldung des Nachlasses, welche er einem Schadensersatzanspruch der Nachlaßgläubiger wegen Verzögerung des Konkursantrages entgegenstellt, auf Fahrlässigkeit beruhe. Nach Abs. 2 S. 1 des § 1980 ist in diesem Falle die Ersatzpflicht des Erben nicht ausgeschlossen.

---

[36]) Endemann S. 452; Binder S. 66.
[37]) Dernburg, D. b. R. S. 467.
[38]) Oesenstätter S. 100; Wendt S 401.

Hat der Erbe vor Eröffnung des Nachlaßkonkurses Pflichtteilsansprüche, Vermächtnisse oder Auflagen aus dem Nachlaß erfüllt, so sind diese Leistungen nach Eröffnung des Nachlaßkonkurses in gleicher Weise anfechtbar wie eine unentgeltliche Verfügung des Erben. Daß die Leistung aus Mitteln des Nachlasses erfolgt war, wird der Konkursverwalter als Vertreter der Nachlaßgläubiger am leichtesten an der Hand eines Inventars mit dem in § 2001 umschriebenen Inhalt dartun können. Das vom Kridar gemäß § 104 KO. und vom Verwalter gemäß § 151 a. a. O. aufzustellende Verzeichnis würde hiezu offensichtlich nicht geeignet sein. Erfolgt die Anfechtung, so fließt das aus dem Nachlaß Weggegebene in die Nachlaßkonkursmasse zurück und wird zur verhältnismäßigen Befriedigung aller Nachlaßgläubiger verwendet (KO. §§ 222, 37).

§ 7. Pflichten des Erben in bezug auf das Nachlaßinventar.

Der Begriff „Inventarpflicht" muß in einem engeren und einem weiteren Sinne aufgefaßt werden.

a) Inventarpflicht **im engeren Sinn** ist die Verpflichtung des Erben, binnen einer vom Nachlaßgericht auf Antrag eines Nachlaßgläubigers bestimmten Frist (Inventarfrist) ein Inventar des Nachlasses zu errichten (§ 1994).

b) Inventarpflicht **im weiteren Sinn** ist der Inbegriff der auf das Nachlaßinventar bezüglichen Verpflichtungen des Erben einschließlich der Inventarpflicht im engeren Sinn.

Beide Begriffe hängen insofern miteinander zusammen, als die Inventarpflicht im engeren und spezifischen Sinne die Voraussetzung bildet für die weiteren Inventarverpflichtungen des Erben, wobei aber nicht vergessen werden darf, daß die engere Inventarpflicht rechtlich auch dann gegeben ist, wenn ein Inventarfestsetzungsantrag mit Rücksicht auf ein vorliegendes freiwilliges Inventar abgelehnt wurde (vgl. § 6 I 3). Diesem engen begrifflichen Zusammenhang entspricht die, wenn auch nicht quantitative, so doch qualitative Uebereinstimmung der Wirkungen der Verletzung der Inventarpflicht beider Kategorien.

A. Inventarpflicht im **engeren** Sinn.

1. Gemäß § 1994 BGB. hat das Nachlaßgericht dem Erben auf Antrag eines Nachlaßgläubigers zur Errichtung des Inventars eine Frist (Inventarfrist) zu bestimmen. Dadurch wird zwar der Erbe zur Errichtung eines Inventars innerhalb der Inventarfrist nicht obligatorisch verpflichtet; ob er zur Inventur schreiten will oder nicht, steht bei ihm.[1] Der Nachteil aber, den Abs. 1 S. 2 des § 1994 an die

[1] Cosack S. 735.

Versäumung der Inventarfrist knüpft, zwingt den Erben mittelbar zur Wahrung der Frist. Von einer unmittelbaren Verpflichtung des Erben zur Inventarerrichtung gegenüber dem die Fristsetzung beantragenden Nachlaßgläubiger kann demnach nicht die Rede sein,[2]) so daß auch eine Klage des letzteren auf Erfüllung dieser Pflicht gegen den Erben abzuweisen wäre.[3])

2. Der mittelbare Zwang des Erben zur Wahrung der Inventarfrist tritt nicht kraft Gesetzes ein — dies führte im gemeinen Recht erfahrungsgemäß zu großen Härten für den Erben[4]) —, sondern erst, wenn irgend ein[5]) Nachlaßgläubiger beim Nachlaßgericht einen **Antrag** auf Bestimmung der Inventarfrist gestellt und das Gericht die Inventarfrist durch einen Beschluß festgesetzt hat.[6]) Die Inventarfrist ist demgemäß keine gesetzliche, sondern eine richterliche, welche vom Nachlaßgericht im Verfahren der freiwilligen Gerichtsbarkeit zu bestimmen ist.[7]) Ob mit dieser Rechtsänderung die bei der frühren gesetzlichen Inventarfrist dem Erben drohenden Nachteile völlig beseitigt wurden, ist allerdings recht fraglich, wenn man bedenkt, daß ein Erbe, der den Nachlaß irrig für zulänglich und demgemäß die Versäumung der ihm bestimmten Inventarfrist für ungefährlich hält, in eine höchst gefahrvolle Lage kommen kann, wenn sich hinterher die Ueberschuldung des Nachlasses ergibt.[8])

Der **Antrag** auf Bestimmung der Inventarfrist kann entweder zum Protokolle des Gerichtsschreibers des zuständigen Nachlaßgerichts oder eines an sich nicht zuständigen Amtsgerichts gestellt werden (FGG. § 11). Im letzteren Fall hat der Gerichtsschreiber den Antrag an das zuständige Nachlaßgericht abzugeben.

Der Antrag kann aber auch schriftlich oder durch einen Beauftragten beim Nachlaßgericht gestellt werden; er bedarf keiner bestimmten Form.

Auch ein im Aufgebotsverfahren ausgeschlossener Nachlaßgläubiger kann die Bestimmung der Inventarfrist beantragen.[9]) Strohal führt mit Recht an, daß auch ein durch Aus-

---

[2]) Binder S. 223 Anm. 4.

[3]) Vgl. Dernburg, D. b. R. S. 491 oben.

[4]) Hermann Meyer S. 18 oben, RJA. IV S 92.

[5]) In Preußen ist auch der Fiskus antragsberechtigt mit Bezug auf die Erbschaftssteuer, für welche der Gesamtnachlaß haftet; vgl. Burhenne S 97.

[6]) Mangelt ein Antrag auf Fristsetzung, so ist die trotzdem bestimmte Frist unwirksam.

[7]) Clausen S. 29.

[8]) Eck, Die Stellung des Erben, dessen Rechte und Verpflichtungen in dem Entwurf eines BGB. für das Deutsche Reich, Berlin 1890, S. 1 und 2; vgl auch Kulmey S. 53

[9]) Planck, Komm. S. 171 Erl. 2; Jaeger, Erb. Haftg S. 14; Strohal S. 210 Anm. 9; Müller-Meikel S. 577; Dernburg S. 486; Wilke, Komm. S. 69, Haftung d. E. S. 5; Beuster S. 77 Anm. 4; Neumann, Anm. 2 zu § 1994; Binder S. 77 u. a. m. Abw: Fischer-Henle, Erl. 1 zu § 1994; Hachenburg S. 691; Frommhold, Anm. 1 zu § 1994; Mayer-Reis S. 247 oben und Anm. 15 daselbst; Weißler S. 361.

schlußurteil im Aufgebotsverfahren ausgeschlossener und ein ihm nach § 1974 gleichstehender Nachlaßgläubiger ein offenbares erhebliches Interesse daran hat, daß der Erbe zur Inventarerrichtung schreitet, denn aus dem Inventar erlangt ein solcher Gläubiger zuverlässige Kenntnis, auf welche in der Hand des Erben befindlichen Gegenstände er zum Zwecke seiner Befriedigung mit Erfolg greifen kann (§ 1973).[10]) Allerdings braucht der Erbe, dem die Inventarfrist auf Antrag eines gemäß §§ 1973, 1974 ausgeschlossenen Nachlaßgläubigers bestimmt wird, nicht den Eintritt der an die Versäumung der Frist geknüpften Folgen zugunsten des ausgeschlossenen Nachlaßgläubigers zu fürchten, denn diesem haftet er unter allen Umständen nur insoweit, als der Nachlaß durch die Befriedigung der nicht ausgeschlossenen Nachlaßgläubiger noch nicht erschöpft ist (§ 1973 Abs. 1 S. 1, § 2013 Abs. 1 S. 2);[11]) allein der Erbe wird sich trotzdem zur Nachlaßinventur innerhalb der Inventarfrist veranlaßt fühlen, um den an die Versäumung der Frist geknüpften Nachteil im Verhältnis zu denjenigen Nachlaßgläubigern abzuwenden, gegenüber welchen er sein Beschränkungsrecht noch nicht verwirkt hat. (Vgl. für Preußen Köhne-Feist S. 265.)

Der Antrag auf Bestimmung der Inventarfrist steht auch einem Nachlaßgläubiger zu, der zugleich Miterbe ist, obgleich dieser in der Regel kein praktisches Interesse daran hat,[12]) da er selbst das Nachlaßinventar errichten kann.[13]) Zwar kann sich ein Miterbe gemäß § 2063 Abs. 2 den übrigen Miterben gegenüber auf die Beschränkung seiner Haftung auch dann berufen, wenn er den anderen Nachlaßgläubigern gegenüber unbeschränkt haftet; allein er wird trotzdem die auf Antrag eines gläubigerischen Miterben bestimmte Inventarfrist wahren, um den Eintritt der an die Versäumung der Frist geknüpften nachteiligen Folgen gegenüber den anderen Nachlaßgläubigern abzuwenden. Die Stellung des Antrages durch einen an sich dazu berechtigten Miterben kann und wird aber in der Regel als schikanöse Rechtsausübung nach § 226 BGB. unzulässig sein.[14]) Antragsberechtigt ist ferner derjenige, für welchen ein dem Werte des Pflichtteils gleichkommendes, vom Pflichtteilsberechtigten nicht ausgeschlagenes Vermächtnis gepfändet worden ist (ObLG. 14. Juni 1907 Bd. 8 S. 262), weil der Vermächtnisanspruch pfändbar und durch die Ueberweisung des gepfändeten Anspruchs der Gläubiger Nachlaßgläubiger geworden ist (§ 835 ZPO.).

Eine zeitliche Grenze für die Stellung des Antrages ist im BGB. nicht aufgestellt; er kann also einerseits schon vor Annahme der Erbschaft gestellt werden, da der Antragsteller des schwierigen Be-

---

[10]) Vgl. Jaeger, Erb Haftg. S. 11 Anm. 32.
[11]) Hachenburg S. 691.
[12]) Jaeger, Erb. Haftg. S. 14 Anm. 1a; Frommhold, Anm zu § 1994; Staudinger S. 223 Anm. 2.
[13]) Binder S. 223 Anm. 7; a. A. Wilke, Komm. S. 68, 69.
[14]) Binder S. 223 Anm. 7.

weises der Annahme enthoben sein soll,[15]) andererseits auch noch beliebig viele Jahre nach dem Erbfall.

Der Nachlaßgläubiger, der den Antrag auf Fristsetzung stellt, muß seine Forderung und die sie begründenden Tatsachen glaubhaft machen (BGB. § 1994 Abs. 2 S. 1, ZPO. § 294, FGG. § 15 Abs. 2)[16]), nicht aber auch die Eigenschaft des Gegenbeteiligten als Erbe (a. a. c. § 1994 Abs. 2; Josef in ZBlFG. 1907 S. 479). Bestreitet der Erbe, daß der Antragsteller Nachlaßgläubiger ist, so steht ihm gegen den Fristsetzungsbeschluß des Nachlaßgerichts die sofortige Beschwerde zu. (FGG. § 77 Abs. 1). Bestand die Forderung des Antragstellers überhaupt niemals, oder war sie vor Erlassung des Beschlusses, durch den die Frist bestimmt werden sollte, wieder erloschen, so ist der Antrag auf Setzung der Inventarfrist beschlußmäßig zurückzuweisen; wurde aber trotzdem versehentlich eine Inventarfrist bestimmt, so wird dadurch — unbeschadet des Beschwerderechtes des Erben — gemäß § 1994 Abs. 2 S. 2 die Wirksamkeit der Fristsetzung nicht in Frage gestellt;[17]) diese wirkt eben dann zugunsten der wirklichen Nachlaßgläubiger. Dem Nachlaßgericht steht kein Recht zur Prüfung des wirklichen Bestandes der angeblichen Forderung des Antragstellers zu.[18]) Hat der die Inventarfrist beantragende Gläubiger seine Forderung nicht durch besondere Mittel glaubhaft gemacht, so steht deshalb allein dem Erben noch keine Beschwerde gegen die Fristsetzung zu, weil dem Nachlaßgericht die Forderung auch ohne diese besonderen Mittel glaubhaft sein kann; vorausgesetzt ist aber immer, daß nicht der Erbe die Forderung überhaupt bestritten hat, in welchem Falle ihm die Beschwerde nach § 77 FGG. zusteht (vgl. Josef a. a. O. S. 482).

Dem Nachlaßgericht steht auch nicht die Befugnis zu, die Entscheidung über die Bestimmung der Inventarfrist bis zur Feststellung der Erbeneigenschaft auszusetzen.[19])

Hat der zur Erbschaft Berufene die Erbschaft wieder ausgeschlagen, so setzt die Bestimmung der Inventarfrist voraus, daß die Ausschlagung unwirksam oder angefochten ist;[20]) treffen diese Umstände nicht zu, so ist die Fristbestimmung unzulässig oder unwirksam;[21]) eine Zurücknahme des Beschlusses durch das Nachlaßgericht ist aber unzulässig.[22])

3. Das Nachlaßgericht bestimmt die Inventarfrist durch einen Beschluß (vgl. für Bayern Formular XI zur NachlO. vom 20. März 1903), gegen welchen dem Erben und jedem[23]) Nachlaß-

---

15) Motive zum BGB. Bd 5 S. 610; Binder S. 224; Strohal S. 211.

16) Dernburg S. 486 Anm. 2.

17) Burhenne S. 97.

18) Müller-Meikel S. 577.

19) DJZ. 1904 S. 78; ObLG. vom 11. Okt 1902 in OLGRspr. Bd. 6 S. 70.

20) ObLG. vom 11. Oktober 1902 (Anm. 19).

21) Strohal S. 215 Anm. 19; Binder S. 224.

22) Kuhlenbeck, Erl. 1 zu § 1994; Beschluß des OLG. Braunschweig vom 19. Juli 1901.

23) Weißler S. 350.

gläubiger die sofortige Beschwerde zusteht (FGG. §§ 22 Abs. 1, 77) (z. B. weil nach Behauptung des Erben der Antragsteller keine Forderung gegen den Nachlaß besitzt oder sie nicht glaubhaft gemacht hat, oder die Frist zu kurz gesteckt worden ist; von Seite des Nachlaßgläubigers kann unter Umständen die Dauer der Frist, oder überhaupt der formelle oder materielle Inhalt des Beschlusses gerügt werden). Die Beschwerdefrist beginnt für jeden Nachlaßgläubiger mit dem Zeitpunkt, in welchem die Verfügung dem Nachlaßgläubiger, welcher den Antrag auf Bestimmung der Inventarfrist gestellt hatte, von Amts wegen zugestellt oder, falls er bei Erlassung der Verfügung anwesend war, zu Protokoll bekannt gemacht wurde (FGG. §§ 77 Abs. 3, 16 Abs. 3).[24]) Für den Erben beginnt die Beschwerdefrist mit der Zustellung des Fristsetzungsbeschlusses an ihn. Für Bayern bestimmt § 88 NachlO., daß in die Verfügung, durch die dem Erben eine Inventarfrist gesetzt wird, ein Hinweis auf die erforderliche Form des Inventars (§§ 2002, 2003 BGB.) und die Folgen der Versäumung der Inventarfrist (§ 1994 Abs. 1 S. 2) sowie absichtlich herbeigeführter Mängel des Inventars (§ 2005 Abs. 1) aufzunehmen ist.

Wird der Antrag auf Bestimmung der Inventarfrist vom Nachlaßgericht beschlußmäßig z. B. mangels Glaubhaftmachung der Forderung des Antragstellers abgelehnt, so steht nur dem Antragsteller die einfache Beschwerde zu (FGG. § 20 Abs. 2). Ist die Inventarfrist von einem örtlich unzuständigen Gericht oder von einem Richter bestimmt worden, der von der Ausübung des Richteramtes kraft Gesetzes ausgeschlossen war, so ist die Fristsetzung zwar aus diesem Grunde nicht unwirksam (FGG. § 7)[25]), dagegen kann sie der Erbe mit sofortiger Beschwerde anfechten.[26])

4. Die Inventarfrist ist gewahrt, wenn der Erbe vor Ablauf der Frist ein ordnungsmäßiges Inventar in einer der in § 4 zu 1. d. D. beschriebenen Formen errichtet hat. Errichtet der Erbe das Inventar durch Antrag auf amtliche Inventur, so schadet ihm die verspätete Beendigung der amtlichen Inventur nicht.[27]) Beruft sich der Erbe gemäß § 2004 auf ein schon beim Nachlaßgericht befindliches Inventar, so wahrt er die Inventarfrist, wenn er bis zu deren Ablauf dem Nachlaßgericht gegenüber erklärt hat, daß jenes Inventar als von ihm eingereicht gelten solle.

In allen Fällen, wo gesagt ist, daß das von einer anderen Person errichtete Inventar dem Erben zustatten kommt, kann diesem eine Inventarfrist nicht mehr gesetzt werden. Denn dann gilt das fremde Inventar zugleich auch als solches des Erben, mithin wird es so angesehen, als habe dieser den Nachlaß schon verzeichnet, als ihm eine Inventarfrist gesetzt werden sollte; es kann ihm daher aus den oben

---

[24]) Weißler a. a. O.
[25] Weißler S. 347.
[26]) Neumann S. 1144
[27]) Binder S. 230; denn schon durch die Stellung des Antrags auf amtliche Inventur wird die Inventarfrist gewahrt (§ 2003 Abs. 1 S. 2).

§ 6 I 3. dargelegten Gründen eine Frist nicht mehr gesetzt werden. So in den Fällen der §§ 2008, 2063 Abs. 1, 2144 Abs. 2, 2383 Abs. 2 BGB. Abweichend mit Rücksicht auf § 2005 Abs. 1 Köhne-Feist S. 266; diese Frage spielt aber m. E. hier nicht herein und könnte ebensogut bei freiwilliger Inventur aufgerollt werden, bezüglich deren auch jene Schriftsteller eine Fristsetzung für unzulässig halten.

Die Beweislast für die Einhaltung der Inventarfrist trifft nach § 1994 Abs. 1 S. 2 den Erben.[28]) Die Entscheidung der Frage, ob die Inventarfrist gewahrt oder versäumt worden ist, wird vom Prozeßrichter, nicht vom Richter der freiwilligen Gerichtsbarkeit getroffen. Entschuldbarkeit der Versäumung ist bedeutungslos [29]) (vgl. aber § 1996 Abs. 1 S. 1).

Der Erblasser kann den Erben nicht von der Pflicht zur Inventarerrichtung mit Wirkung gegen die Nachlaßgläubiger entbinden.[30])

Der Umstand, daß der Nachlaß nur aus Passiven besteht, entbindet selbstverständlich den Erben nicht von der Inventurpflicht, denn die Gewißheit über Zulänglichkeit oder Unzulänglichkeit des Nachlasses soll eben durch das zu errichtende Inventar klargestellt werden.[31]) Inventarisiert der Erbe selbst, so ist beim Mangel einer Nachlaßmasse zur Wahrung der Inventarfrist erforderlich, daß das zugezogene amtliche Organ bei der Erklärung gegenüber dem Nachlaßgericht, daß nichts vorhanden sei, mitwirkt.

In Bayern ist der Erbe in der Verfügung, durch die ihm eine Inventarfrist gesetzt wird, darauf aufmerksam zu machen, daß es der Errichtung des Inventars auch dann bedarf, wenn der Nachlaß wertlos ist oder Nachlaßgegenstände nicht vorhanden sind (§ 88 Abs. 1 S. 2 NachlO.).

Ebensowenig ist der wahre Erbe von der Inventur dadurch befreit, daß er sich in gutem Glauben nicht für den Erben hält; wird ihm eine Inventarfrist gesetzt und versäumt er sie infolge seines Irrtums über seine Erbeneigenschaft, so treten die Wirkungen der Versäumung der Frist ungeachtet seines guten Glaubens ein.[32])

5. Die Inventarfrist wird dem Erben gesetzt; die Rechtssätze über völlige oder teilweise Geschäftsunfähigkeit finden entsprechende Anwendung. Ist der Erbe geschäftsunfähig, so muß die Inventarfrist seinem gesetzlichen Vertreter bestimmt und von ihm gewahrt werden;[33]) geschieht letzteres nicht, so schadet das Versäumnis des Vertreters wie in allen anderen Fällen dem vertretenen Erben.[34]) Ein Schutz für den vertretenen Erben ist nur insofern gewährleistet, als das Vormundschaftsgericht vom Nachlaßgericht über die Bestimmung der

---

[28]) Staudinger S. 224 Erl. 5., Abw. Weißler S. 305.

[29]) Dernburg S. 491 II 1.

[30]) Müller-Meikel S. 585; Staudinger S. 225 Anm. 7; RG. Bd. X S. 121.

[31]) Burhenne S. 122 unten; Planck, Komm. V § 1994 Erl. 5 b.

[32]) Staudinger S 225 Erl. 6 a. E.

[33]) Dernburg S. 487.

[34]) Mayer-Reis S. 240 Anm. 12.

Inventarfrist unterrichtet werden muß und dann gemäß § 1837 BGB. Sorge zu tragen hat, daß der gesetzliche Vertreter die Inventarfrist nicht versäumt (§ 1999).[35]) Als Grund dafür, daß bezüglich der Inventarfrist zugunsten nicht unbeschränkt geschäftsfähiger Personen von den allgemeinen Regeln über mangelhafte Geschäftsfähigkeit keine Ausnahme vorgesehen wurde, geben die Motive Bd. V S. 614 an: „Die Gefahr, welche darin gefunden werden kann, daß die bezeichneten Personen unter der Versäumung der Inventarfrist seitens der gesetzlichen Vertreter zu leiden haben, kann hier nicht höher angeschlagen werden, als in vielen anderen Fällen, in welchen eine Benachteiligung durch Versäumnis des Vertreters möglich ist." Wird der Erbe, dem die Inventarfrist bestimmt worden war, geschäftsunfähig oder in der Geschäftsfähigkeit zwar nur beschränkt, ohne prozeßfähig (ZPO. § 52) zu bleiben, und mangelt ihm eine gesetzliche Vertretung,[36]) so endigt die Frist nicht vor Ablauf desselben Zeitraums nach Erlangung der vollen Geschäftsfähigkeit oder nach Aufhören des Mangels der gesetzlichen Vertretung oder der Verhinderung des Vertreters (§ 1997).[37]) Ist der Erbe schon zur Zeit der Bestimmung der Inventarfrist nicht unbeschränkt geschäftsfähig und ohne gesetzliche Vertretung, so kann ihm gemäß §§ 208, 171 Abs. 1 ZPO. und § 16 Abs. 2 FGG. das Inventarisierungsdekret des Nachlaßgerichts nicht zugestellt werden, folglich die Inventarfrist überhaupt nicht beginnen.[38]) § 1997 BGB. kann demgemäß nur in Betracht kommen, wenn der Mangel der gesetzlichen Vertretung erst während der Inventarfrist eintritt.[39]) Ist der Erbe beschränkt geschäftsfähig, so kann die Inventarfrist zwar nur ihm bestimmt werden, aber der Fristsetzungsbeschluß ist seinem gesetzlichen Vertreter zuzustellen und die Frist kann und muß, wenn der Erbe säumig ist, von diesem gewahrt werden.[40])

6. Dauer, Beginn und Lauf der Frist.

Es ist zu trennen:

a) die regelmäßige Inventarfrist,
b) die erneuerte Inventarfrist,
c) die verlängerte Inventarfrist.

---

[35]) Weißler S. 350. Ist das Vormundschafts- zugleich Nachlaßgericht, so muß es von Amts wegen auf die Einhaltung der Inventarfrist durch den gesetzlichen Vertreter des Erben achten (Hachenburg S. 668).

[36]) Das ist auch dann der Fall, wenn der gesetzliche Vertreter an der Ausübung der Vertretungsmacht rechtlich oder tatsächlich verhindert ist, vgl. Scherer S. 87.

[37]) Kuhlenbeck Anm. 1 zu § 1997 und Hachenburg S. 667, der mit Recht drei Monate als Maximalfrist statt der in § 206 bestimmten sechs Monate angesehen wissen will (§ 206 Abs. 1 S. 2); abw. Planck, Komm. S. 176 Erl. 2; Burhenne S. 105; Staudinger S. 228 unten. Wie hier auch Staub vgl. Anm. 7 zu § 16 d. D.

[38]) Binder S. 228 Anm. 44.

[39]) Vgl. hiezu Staubs Kommentar zum HGB. 8. Aufl. 1906. S. 169 Anm. 21 für den analogen Fall in § 27 Abs. 2 S. 2 HGB.

[40]) Binder a. a. O.; Weißler S. 348, 350.

ad a) Regelmäßige Inventarfrist. Die Inventarfrist soll (in der Regel) mindestens ein Monat, höchstens drei Monate betragen (§ 1995 Abs. 1 S. 1 BGB.). Die Frist beginnt mit der Zustellung des Beschlusses, durch den die Frist bestimmt wird (§ 1995 Abs. 1 S. 2 BGB.); war der Erbe bei der Erlassung der Verfügung durch das Nachlaßgericht zugegen, so beginnt die Frist schon mit der Bekanntgabe zu Gerichtsprotokoll.[41]) Die Zustellung des Inventarisierungsdekrets geschieht von Amts wegen nach Maßgabe der §§ 208 bis 213 ZPO. Die Berechnung der Inventarfrist geschieht nach den allgemeinen Regeln der §§ 186 ff. BGB. Bestimmt das Nachlaßgericht die Inventarfrist entgegen der Vorschrift des § 1995 Abs. 1 S. 1, so ist die Fristsetzung zwar an sich wirksam, aber vom Erben und jedem Nachlaßgläubiger mit sofortiger Beschwerde nach § 77 Abs. 1 FGG. anfechtbar. Die Fristverfügung des Nachlaßgerichts wird dem Erben und dem Antragsteller regelmäßig durch Zustellung, möglicherweise durch Bekanntgabe zu Protokoll gemäß § 16 Abs. 3 FGG. mitgeteilt. Die Frist beginnt mit der Zustellung an den **Erben**. Wird die Inventarfrist dem Erben schon vor Annahme der Erbschaft bestimmt, so beginnt ihr Lauf erst mit Annahme der Erbschaft (§ 1995 Abs. 2) (bezw. Ablauf der Ausschlagungsfrist).

Der Lauf der Inventarfrist ist gehemmt, solange der Erbe durch Stillstand der Rechtspflege an der Wahrung der Frist verhindert ist (§§ 1997 mit 203 Abs. 1); Hemmung der Beendigung der Frist bei nicht unbeschränkt geschäftsfähigen Erben, denen ein gesetzlicher Vertreter mangelt, s. oben Abs. 5 (§§ 1997 mit 206 BGB.); bei der entsprechenden Anwendbarkeit der §§ 203 Abs. 1 und 206 dürfte mit Rücksicht auf Satz 2 in § 206 Abs. 1 an die Stelle der dort bezeichneten Ersatzfrist von 6 Monaten die regelmäßige Maximalinventarfrist von drei Monaten zu setzen sein (vgl. die von einander abweichenden Meinungen in Anm. 37).

ad b) Eine neue Inventarfrist wird dem Erben in drei Fällen bestimmt:

α) obligatorisch,

1. wenn der Erbe durch höhere Gewalt[42]) verhindert worden ist, das Inventar rechtzeitig zu errichten oder die nach den Umständen gerechtfertigte Verlängerung (s. ad c) der Inventarfrist zu beantragen;
2. wenn der Erbe von der Zustellung des Beschlusses, durch den die Inventarfrist bestimmt worden ist, ohne sein Ver-

---

[41]) Dernburg S. 487 II; Binder S. 327 Anm. 38; Frommhold Erl. 2a zu § 1995; Kuhlenbeck Anm. 1 zu § 1995. (§ 1995 Abs. 1 S. 2 BGB. wird durch § 16 III FGG. ergänzt.)

[42]) Vgl. Frommhold S. 63 Anm. 2; Burhenne S. 106 d; Endemann Bd. I S. 494 Anm. 15.

schulden Kenntnis nicht erlangt hat, was insbesondere im Falle einer Ersatzzustellung nach §§ 181, 182 ZPO. eintreten kann (§ 1996 Abs. 1 S. 2 BGB.).

Die Setzung einer neuen Inventarfrist setzt begrifflich den Ablauf der zuerst bestimmten Frist voraus.[43]) Die Bestimmung der neuen Frist erfolgt auf Antrag des Erben. Wird dem Erben eine neue Frist bestimmt, so schadet ihm die Versäumung der ersten Frist nicht mehr.[44]) Vor der Entscheidung über den Antrag des Erben soll der Nachlaßgläubiger, auf dessen Antrag die erste Frist bestimmt wurde, wenn tunlich gehört werden (§ 1996 Abs. 3 BGB.). Der Antrag muß binnen zwei Wochen nach der Beseitigung des Hindernisses und spätestens vor dem Ablauf eines Jahres nach dem Ende der zuerst bestimmten Frist gestellt werden (§ 1996 Abs. 2). Die Entscheidung des Nachlaßgerichts über den Antrag des Erben ist diesem und, wenn dem Antrag stattgegeben wird, auch demjenigen Nachlaßgläubiger zuzustellen, auf dessen Antrag die erste Frist bestimmt worden ist (FGG. § 16). Die Entscheidung des Nachlaßgerichts über den Antrag kann, wenn negativ, nur vom Erben (§§ 77 Abs. 2, 20 Abs. 2 FGG.), wenn positiv auch von jedem Nachlaßgläubiger mit sofortiger Beschwerde angefochten werden §§ 77 Abs. 1, 20 Abs. 1 a. a. O.,[45]) da die Gewährung der neuen Frist die Rechte der Nachlaßgläubiger beeinträchtigen kann.

Bei der Vorschrift des § 1996 Abs. 1 handelt es sich, wie die Motive dartun, nicht um eine Anlehnung an die Vorschriften der ZPO. über die Wiedereinsetzung in den vorigen Stand gegen Versäumung von Notfristen.[46])

Wird die neue[47]) Frist wieder infolge von höherer Gewalt versäumt, so findet eine wiederholte Fristsetzung statt,[48]) weil für die neue Frist dieselben Vorschriften wie für die erste gelten.[49])

Auf die zweiwöchige Antragsfrist des § 1996 Abs. 2 finden die §§ 203 Abs. 1, 206 BGB. entsprechende Anwendung (§ 1997) (s. o.).

Der Prozeßrichter hat nicht zu prüfen, ob die Voraussetzungen für die neue Fristsetzung gegeben waren;[50]) wohl aber, ob andere Verletzungen der Inventarpflichten zur Zeit der Bestimmung der neuen Frist bereits eingetreten waren oder nicht.[51])

β) Fakultativ, wenn die Angabe der Nachlaßgegenstände im Inventar unvollständig ist, ohne daß ein Fall vorliegt, an

---

[43]) Staudinger S. 227 V A.

[44]) Staudinger S. 228 V. B.

[45]) Strohal S. 217.

[46]) RG. Bd. 54 S. 152 läßt diese Frage unentschieden.

[47]) Nicht die zweiwöchige Frist zu ihrer Beantragung!

[48]) Vgl. Strohal S. 217 Anm. 21; Binder S. 229 Anm. 48; jetzt auch Planck, Komm. S. 175 Anm. 3 zu § 1996.

[49]) Frommhold Anm. 3 zu § 1996; Neumann Anm. 2b zu § 2005.

[50]) Motive Bd. V S. 612; Weißler S. 351.

[51]) Neumann Anm. 1e zu § 2005.

welchen § 2005 Abs. 1 die (endgültig) unbeschränkte Haftung knüpft (§ 2005 Abs. 2).

Die neue Inventarfrist wird dem Erben zur Ergänzung des unvollständigen Inventars bestimmt. Die Fristsetzung setzt keinen Antrag voraus,[52] kann vielmehr vom Nachlaßgericht ohne irgend welches Eingreifen Dritter ausgehen. Im übrigen finden auf diese Art erneuter Fristbestimmung die zu α) entwickelten Sätze entsprechende Anwendung.[53])

ad c) Verlängerung der Inventarfrist kann eintreten, wenn der Erbe beim Nachlaßgericht einen hierauf gerichteten Antrag gestellt hat (§ 1995 Abs. 3). Die Verbescheidung des Antrags ist völlig in das Ermessen des Nachlaßgerichts gestellt. Jede „Fristverlängerung" setzt begrifflich voraus, daß die zu verlängernde Frist noch nicht abgelaufen ist;[54]) folglich stellt sich die Inventarfristverlängerung als eine nachträgliche Verlängerung der ursprünglich festgesetzten Frist, nicht als anfängliche Ausnahme von § 1995 Abs. 1 S. 1 a. E. dar.[55])

Ueber den Verlängerungsantrag entscheidet das Nachlaßgericht durch Beschluß, gegen welchen sowohl bei Bewilligung als bei Verwerfung, und zwar im ersteren Falle sowohl dem Erben als den Nachlaßgläubigern, im letzteren Falle nur dem Erben die sofortige Beschwerde nach Maßgabe der §§ 77 Abs. 2, 20 FGG. zusteht.

Wegen Beginn der Beschwerdefrist vgl. § 77 Abs. 3 FGG.

Die verlängerte Inventarfrist läuft gemäß § 190 BGB. vom Ablauf der ursprünglichen Frist an.

Eine Verkürzung der bestimmten Inventarfrist ist im BGB. nicht vorgesehen, folglich unzulässig.[56])

7. Stirbt der Erbe während der Inventarfrist oder der in § 1996 Abs. 2 bestimmten Frist von zwei Wochen, so endigt die Frist nicht vor dem Ablauf der für die Erbschaft des Erben vorgeschriebenen Ausschlagungsfrist (§ 1998 BGB.). Diese dauert gemäß § 1944 regelmäßig sechs Wochen seit dem Tage der Kenntnis des Erben vom Erbanfall und Berufungsgrund. Ist bei Beendigung der für die Erbschaft des Erben laufenden Ausschlagungsfrist die dem verstorbenen Erben bestimmte Inventarfrist — die zweiwöchige Frist des § 1996 Abs. 2 kommt natürlich hier nicht in Frage — noch nicht abgelaufen, so läuft die dem verstorbenen Erben bestimmte Inventarfrist seinem Erben über die Beendigung der für diesen laufenden Ausschlagungsfrist hinaus weiter. Der Gedanke des Gesetzgebers ist, daß

---

[52]) Müller-Meikel S. 582; a. A. Strohal S. 211 Abs. 2 und Planck, Komm. Erl. 3 zu § 2005; zustimmend Staudinger S. 235 Erl. 3; abw. wohl auch Binder S. 232 Anm. 67.

[53]) Die zur Ergänzung des Inventars bestimmte neue Frist kann unter das Minimum von einem Monat in § 1995 herabgesetzt werden, vgl. Planck, Komm. S. 184 Anm. 3; Kuhlenbeck Erl. 6 zu § 2005.

[54]) Motive S. 610; Staudinger S. 227 IV.

[55]) Binder S. 228 Anm. 41; Planck, Komm. Erl. 4 zu § 1995; abw. Böhm bei Gruchot S. 466.

[56]) Planck, Komm. Erl. 5 zu § 1995; Binder Anm. 41 S. 228.

der Erbeserbe sich zunächst über die Annahme der ihm angefallenen Erbschaft muß entscheiden können, bevor er sich über die Wahrung des Haftungsbeschränkungsrechts in Ansehung der von seinem Erblasser erworbenen Erbschaft schlüssig macht, welche nur einen Bestandteil der ihm angefallenen Erbschaft bildet.[57]) Die Unkenntnis des Erbeserben von der seinem Erblasser bestimmten Inventarfrist ist nicht geeignet, den Eintritt der an die Versäumung der Frist geknüpften nachteiligen Folgen von ihm selbst abzuwenden.[58]) Versäumt der Erbeserbe die seinem Erblasser bestimmte Inventarfrist, ohne daß ihm selbst in bezug auf seine Erbschaft als solche eine Inventarfrist bestimmt war, so tritt der mit der Versäumung der Inventarfrist verbundene Nachteil nur bezüglich der einen Teil des Nachlasses bildenden Erbschaft des Erblassers ein.

Sollte § 1998 dem Erbeserben keinen genügenden Schutz bieten, so steht ihm immer noch offen, gemäß § 1995 Abs. 3 eine Verlängerung der Inventarfrist beim Nachlaßgericht zu beantragen.[59])

Vom praktischen Standpunkt aus dürfte es sich für jeden Erben, dem bekannt ist, daß zum Nachlaß eine dem Erblasser zugefallene, nicht zweifellos solvente Erbschaft gehört, empfehlen, baldmöglichst darüber sich zu vergewissern, ob seinem Erblasser bereits eine Inventarfrist bestimmt war oder nicht.[60]) Vgl. die gutgewählten Beispiele von Köhne-Feist a. a. O. S. 271.

8. Die Inventarfrist wird unwirksam, wenn nach ihrer Bestimmung eine Nachlaßverwaltung angeordnet oder der Nachlaßkonkurs eröffnet wird (§ 2000 S. 1). Es ist dies eine notwendige Folge der Tatsache, daß durch jene Maßnahmen der Nachlaß dem Erben aus den Händen kommt, so daß er zur Aufstellung des Inventars unvermögend wird.[61]) Außerdem erklärt sich § 2000 S. 1 daraus, daß ein unlösbarer Widerspruch vorläge, könnte die dem Erben bestimmte Inventarfrist z. B. nach Anordnung einer Nachlaßverwaltung auf Antrag des Erben weiterlaufen, was im Falle der Versäumung der Frist unbeschränkte Haftung begründen würde, während § 1975 an die Anordnung der Nachlaßverwaltung den Eintritt der Beschränkung der Haftung knüpft.[62]) Die Nachlaßgläubiger werden durch die Vorschrift des § 2000 S. 1 nicht unbillig benachteiligt, denn jene Maßnahmen, welche die Inventarfrist unwirksam machen, sichern insbesondere auch die Nachlaßgegenstände zur ausschließlichen Befriedigung der Nachlaßgläubiger.

B. Die Inventarpflichten im weiteren Sinne d. h. die übrigen Verpflichtungen des Erben in bezug auf das Nachlaßinventar außer der Verpflichtung zur Wahrung der Inventarfrist.

---

[57]) Vgl. Motive S. 613.
[58]) Hachenburg S. 668.
[59]) Staudinger S. 229 VII; Frommhold Erl. zu § 1998.
[60]) Böhm, Erbrecht S. 394; Hachenburg S. 668.
[61]) Eck, Vorträge S. 26 oben; Beuster S. 80.
[62]) Dernburg, D. b. R. S. 487.

Vorausgeschickt sei, daß alle diese **mittelbaren** Inventarpflichten den Erben nur unter der Voraussetzung treffen, daß seine **unmittelbare** Inventarpflicht d. h. Verpflichtung zur Wahrung der Inventarfrist begründet oder nur deshalb praktisch bedeutungslos ist, weil sie durch seine freiwillige Inventur gegenstandslos wurde (vgl. Staudinger S. 236 Erl. 6 a. E., S. 237 Erl. 3, S. 222 Erl. 2 a. E.).

Es könnte die Frage aufgeworfen werden, ob nach freiwilliger Inventarerrichtung, ohne daß nachträglich ein Antrag auf Fristsetzung gestellt und mit Rücksicht auf das schon errichtete Inventar zurückgewiesen wurde, gegen den Erben die Rechtsfolgen aus §§ 2005, 2006 geltend gemacht werden können (§ 1994 Abs. 1 Satz 2 kommt natürlich nicht in Frage). Aus § 2003 Abs. 1 Satz 2 und aus den Protokollen zum BGB. Bd. V S. 7911 dürfte die Verneinung der Frage zu entnehmen sein. Ihre entgegengesetzte Beantwortung müßte zu dem offenbar irrtümlichen Ergebnisse führen, daß die Ausübung eines dem Erben zustehenden Rechtes ihm Ungelegenheiten (Eidesleistung) oder gar Nachteile brächte. Eben deshalb ist der hier eingenommene Standpunkt schon in § 6 II d. D. vertreten worden, allerdings nur negativ, indem eine Verletzung der Vorschriften in Frage bei freiwilliger Inventur ohne nachfolgenden Fristsetzungsantrag nicht unter den Vorteilen für die Nachlaßgläubiger angeführt wurde.

Aus dem Gesagten ergibt sich ohne weiteres, daß der freiwillig inventarisierende Erbe, wenn er von vornherein jeder Gefahr unbeschränkter Haftung begegnen will, die Inventarpflichten im weiteren Sinn erfüllen muß, weil er nicht wissen kann, ob nicht später ein Antrag auf Bestimmung der Inventarfrist gestellt und mit Rücksicht auf das freiwillige Inventar zurückgewiesen werden wird. Allerdings treten jene Pflichten und selbstverständlich auch die Folgen ihrer Verletzung erst ein, wenn ein Fristsetzungsantrag später abgewiesen wird.

1. Pflicht zur Auskunfterteilung bei amtlicher Inventur.

Der Erbe ist „verpflichtet“, die zur Aufnahme des amtlichen Inventars erforderliche Auskunft zu erteilen (§ 2003 Abs. 2). Errichtet auf Antrag des Erben das Nachlaßgericht entweder selbst ein Nachlaßverzeichnis, oder überträgt es die Aufnahme einer zuständigen Behörde oder einem zuständigen Beamten oder Notar, so wahrt der Erbe schon durch die Stellung eines solchen Antrags die ihm bestimmte Inventarfrist (§ 2003 Abs. 1); er ist aber verpflichtet, die zur Aufnahme des Inventars erforderliche Auskunft zu erteilen. Verweigert er diese oder verzögert er sie absichtlich in erheblichen Maße, so tritt zu seinen Ungunsten dieselbe Rechtsfolge ein, wie bei Versäumung der Inventarfrist (§ 2005 Abs. 1 Satz 2). Als Grund hiefür benennen die Protokolle.[63]) „Entziehe sich der Erbe der Auskunfterteilung, so nähme er tatsächlich seinen auf die Errichtung des Inventars gerichteten

[63]) Bd. V S. 7911.

Willen zurück. Verweigere der Erbe die von seiner Seite erforderliche Auskunft, und verhindere er dadurch, daß die Gläubiger rechtzeitig durch das Inventar Aufschluß über den Bestand des Nachlasses erhalten, so geschehe ihm kein Unrecht, wenn er so behandelt werde, wie wenn er die Errichtung des Inventars unterlassen hätte." Daraus erhellt unzweideutig, daß das Gesetz die Auskunftspflicht als Korrelat der Inventarpflicht i. e. S. aufgestellt hat.[64])

Die Verweigerung der Auskunft über einzelne, nicht erhebliche Punkte bedeutet noch nicht die Verletzung der Auskunftspflicht; diese dürfte vielmehr erst dann gegeben sein, wenn die Auskunftsverweigerung mindestens einen wesentlichen Punkt betrifft.[65])

Wird die vom Erben geforderte Auskunft rechtzeitig von anderer Seite z. B. seinen Verwandten erteilt, so tritt bei Verweigerung der Auskunft durch den Erben gegen ihn nicht der Nachteil aus § 2005 Abs. 1 Satz 2 ein. Denn dann ist die von dem Erben verlangte Auskunft nicht mehr „erforderlich" im Sinne von § 2003 Abs. 2, folglich ihre Verweigerung nicht mehr geeignet, den Erfolg des § 2005 Abs. 1 Satz 2 auszulösen.[66])

Wendt (a. a. O. S. 373) behauptet, der Erbe sei bei Gelegenheit der Nachlaßinventur durch den Nachlaßverwalter zu allen Mitteilungen über die Vermögenslage des Erblassers und über die Kräfte des Nachlasses heranzuziehen und es treffe ihn die durch § 2003 Abs. 2 vorgesehene Auskunftspflicht auch gegenüber dem Nachlaßverwalter, so daß eine Verletzung dieser Auskunftspflicht den Nachteil aus § 2005 Abs. 1 Satz 2 mit sich bringe. Diese Ansicht widerlegt sich schon aus § 1975 mit § 2013; durch Anordnung der Nachlaßverwaltung erwirbt der Erbe Beschränkung seiner Haftung; folglich kann ihn aus einer nachträglichen Verweigerung oder Verzögerung der Auskunft an das inventarisierende Organ nicht mehr der Nachteil aus § 2005 Abs. 1 Satz 2 treffen, zum mindesten solange nicht, als die angeordnete Nachlaßverwaltung dauert und daher die Nachlaßinventur dem Nachlaßverwalter obliegt. Allerdings ist der Erbe zur Auskunfterteilung an den Nachlaßverwalter verpflichtet, aber nur auf Grund von § 260 BGB.; § 2005 Abs. 1 Satz 2 kann hier auch aus dem Grunde keine Anwendung finden, weil an dieser Stelle auf § 2003 verwiesen wird, dort aber nur von einer Auskunftspflicht des Erben gegenüber dem Nachlaßgericht oder dem mit der Inventur betrauten Amtsorgan die Rede ist, während der Nachlaßverwalter nach dem oben Gesagten — § 4 zu 1 B — nicht zu diesen „Beamten" gehört.[67])

---

[64]) Vgl. Jaeger, Erb.-Haftg. S. 16 c.

[65]) Frommhold Erl. 2 zu § 2005; Staudinger S. 235; Kuhlenbeck Anm. 5 zu § 2005; Hachenburg S. 669, 670; neuestens auch Planck, Komm. S. 183 unten; Neumann Anm. 2 zu § 2005.

[66]) Protok. S. 7912; Jaeger S. 16; Fischer-Henle Anm. 5 zu § 2005; Hachenburg S. 669; in der neuesten 3. Aufl. auch Planck, Komm. S. 131 Abs. 2.

[67]) Planck, Komm. S. 182 c; Frommhold Anm. 2 zu § 2005; Jaeger S. 5, 16 Anm. 11; Böhm, Erbrecht S. 387 Anm. 6.

Was für den Nachlaßverwalter in der eben gedachten Richtung gilt, findet auf den Nachlaßkonkursverwalter gemäß § 100 KO. entsprechende Anwendung.

Wird die vom Erben anfangs verweigerte Auskunft von ihm noch so rechtzeitig nachgeholt, daß eine „erhebliche" Verzögerung in der Aufstellung des amtlichen Inventars nicht eintritt, so kann dem Erben nicht der Rechtsnachteil aus § 2005 Abs. 1 Satz 2 treffen.[68]) Dies gilt jedenfalls dann, wenn das amtliche Inventar nach erfolgter nachträglicher Auskunft noch vor Ablauf der Inventarfrist fertiggestellt werden kann.[69])

Ein unmittelbarer Zwang gegen den Erben zur Auskunftserteilung wird trotz des Wortes „verpflichtet" in § 2003 Abs. 2 nicht ausgeübt werden können, weil die an ihre Verweigerung oder Verzögerung gesetzlich geknüpfte Folge in § 2005 Abs. 1 Satz 2 erschöpfend umschrieben ist. Es folgt das auch aus dem nahen Zusammenhang zwischen dieser und der unmittelbaren Inventarpflicht des Erben.[70]) Doch wird eine Schadensersatzpflicht des Erben wegen unerlaubter Handlung nicht ausgeschlossen sein (Motive V S. 621).

Die Beweislast für die Voraussetzungen des § 2005 trifft die Nachlaßgläubiger.[71])

Die Auskunftspflicht des § 2003 Abs. 2 obliegt dem Erben sowohl bei freiwilliger Inventur[72]) als auch bei derjenigen zur Wahrung der Inventarfrist. Die Wirkung der Verzögerung oder Verweigerung der Auskunft ist in beiden Fällen dieselbe.

2. Pflicht zu getreuer Inventur. Führt der Erbe bei irgendeiner Inventurform[73]) absichtlich eine erhebliche Unvollständigkeit der im Inventar enthaltenen Angabe der Nachlaßgegenstände herbei oder bewirkt er in der Absicht, die Nachlaßgläubiger zu benachteiligen, die Aufnahme einer nicht bestehenden Nachlaßverbindlichkeit, so haftet er für die Nachlaßverbindlichkeiten unbeschränkt (§ 2005 Abs. 1 Satz 1). Daraus folgt, daß der vom Gesetz an die Versäumung der Inventarfrist geknüpfte Nachteil den Erben auch dann trifft, wenn das von ihm innerhalb der Inventarfrist errichtete Inventar zwar formell richtig ist aber materiell einschneidende Mängel aufweist. Letzteres trifft in zwei Fällen zu:

a) Bei absichtlicher, erheblicher Unvollständigkeit der Inventarangaben in bezug auf die Nachlaßgegen-

---

[68]) Planck, Komm. S. 183.

[69]) Abw. Strohal S. 220; zustimmend Hachenburg S. 669; Planck, Komm. S. 184 vor Erl. 3.

[70]) Vgl. Planck, Komm. S. 128 Anm. 2 zu § 2003; abw. Staudinger S. 233 B.

[71]) Ebenso Böhm bei Gruchot S. 462; RGE. vom 15. Mai 1902 (bei Gruchot Bd. 46 S. 1125).

[72]) Derentwegen die Bestimmung einer Inventarfrist später abgelehnt wurde; vgl. Landsberg S. 1165 unten.

[73]) § 2004 schlägt selbstverständlich nicht ein.

stände. In diesem Fall liegt ein Inventar im gesetzlichen Sinne überhaupt nicht vor und es sollen daher zugunsten des Erben weder die Vorteile freiwilliger Inventarerrichtung herbeigeführt noch die Nachteile der Versäumung der Inventarfrist abgewendet werden.

Die Unvollständigkeit muß die Nachlaßojekte als solche, nicht deren Wert oder Beschreibung, nicht die Nachlaßverbindlichkeiten betreffen.[74]) Die Unvollständigkeit muß ferner sein:

α) Erheblich. Eine unerhebliche, wenn auch beabsichtigte Mangelhaftigkeit der Angaben der Nachlaßbestände schadet dem Erben nicht. Die Entscheidung über die Erheblichkeit des Mangels ist bei dem Schweigen des Gesetzes dem richterlichen Ermessen anheim gegeben. Zur Vollständigkeit gehört die Angabe aller zur Zeit des Erbfalles vorhanden gewesenen Nachlaßgegenstände ohne Rücksicht auf inzwischen liegende Veränderungen (§ 2001).[75]) Mangelt dem Inventar die gesetzlich vorgeschriebene Form (§ 2002), so liegt ein rechtswirksames Inventar überhaupt nicht vor,[76]) folglich ist eine Unvollständigkeit der Inventarangaben belanglos.

β) Absichtlich. Welcher Beweggrund der Absicht zugrunde liegt, ist gleichgültig; es genügt z. B. die falsche Aufzeichnung zwecks Verringerung der Erbschaftssteuer.[77]) Nicht erforderlich ist, daß eine Benachteiligung der Nachlaßgläubiger beabsichtigt war, wie solches im I. Entw. § 2106 Abs. 1 vorgesehen war.[78]) Da die erhebliche Unvollständigkeit beabsichtigt gewesen sein muß, ist jedenfalls Vorsatz in bezug auf die Mangelhaftigkeit der Inventarangaben erforderlich.[79]) Eine absichtliche Herbeiführung der Unvollständigkeit liegt nicht vor, wenn der Erbe einzelne Gegenstände, die er veräußerte, um dringliche Nachlaßschulden decken zu können, deshalb nicht in das Inventar aufnahm, weil er glaubte, nur die noch vorhandenen Aktiva verzeichnen zu müssen, falls er dem Nachlaßgericht hievon Kenntnis gab.[80])

Ist die Angabe der Nachlaßbestände zwar unvollständig, die Mangelhaftigkeit aber entweder unerheblich oder unbeabsichtigt, so behält der Erbe sein Haftungsbeschränkungsrecht, es kann ihm aber, wie oben A 6 ad b β dargestellt wurde, eine neue Inventarfrist zur Ergänzung des Inventars bestimmt werden, deren fruchtloser Ablauf die endgültig unbeschränkte Haftung begründet.[81])

---

[74]) Neumann Anm. 1a zu § 2005, OLG. Dresden vom 21. Juni 1905 ZBlFG. Jahrgang VI S. 413.
[75]) OLG. Breslau vom 17. Juni 1904.
[76]) Meyer Hermann S. 14 oben.
[77]) Protokolle S. 7882.
[78]) Jaeger S. 16 Anm. 9.
[79]) Ebenso Scherer S. 89.
[80]) OLG. Dresden vom 21. März 1903, im sächs. Archiv XIV, 122.
[81]) Frommhold Anm. 1b zu § 2005.

b) Bei Aufnahme einer nicht bestehenden Nachlaßverbindlichkeit in der Absicht, die Nachlaßgläubiger zu benachteiligen. Zwar bildet die Angabe der Nachlaßpassiven keinen wesentlichen Bestandteil des Nachlaßinventars, allein, „da im Leben das Inventar zunächst auch als richtig und vollständig hinsichtlich der Passiven behandelt wird", so soll nach der Absicht des Gesetzgebers eine den Nachteil der Nachlaßgläubiger bezweckende Täuschung des Erben über den Umfang der Nachlaßschulden ihm sein Haftungsbeschränkungsrecht entziehen.[82]) Unterläßt der Erbe wissentlich und absichtlich die Aufnahme einer bestehenden Nachlaßschuld, so schadet ihm dieses Verhalten nicht (arg. a. contr. § 2005 Abs. 1 Satz 1),[83]) weil der Erfolg dieses Gebahrens nur in einer Minderung der Passiva, also einer besseren Lage der Nachlaßgläubiger besteht. Wohl aber verliert der Erbe sein Haftungsbeschränkungsrecht, wenn er eine bestehende Nachlaßschuld absichtlich höher als in ihrem wahren Bestande verzeichnet, weil diese Unredlichkeit der absichtlichen Aufnahme einer nicht bestehenden Nachlaßverbindlichkeit gleichkommt, nämlich insoweit, als die inventarisierte Schuld erdichtet ist.[84])

c) Zu a und b ist zu bemerken, daß hier wie bei der Inventarpflicht i. e. S. ein Verstoß gegen die Inventurpflicht durch den gesetzlichen Vertreter dem vertretenen Erben schadet. Der Nachweis der wesentlichen Unvollständigkeit des Inventars ist vom Erbschaftsgläubiger zu führen.[85])

Liegen die Voraussetzungen des § 2005 Abs. 1 Satz 1 vor, so tritt der an sie geknüpfte Rechtsnachteil sofort mit der Errichtung des wesentlich mangelhaften Inventars ein und kann daher nicht mehr durch eine Verbesserung der falschen Angaben noch innerhalb der Inventarfrist beseitigt werden.[86]) Die Motive (Bd. V S. 619) überlassen die Entscheidung der hierüber möglichen Streitfrage der Wissenschaft und Praxis. Für die hier vertretene Ansicht spricht der Wortlaut des § 2005 Abs. 1 Satz 1 und die Erwägung, daß diese Gesetzesstelle auch dann Anwendung finden muß, wenn der Erbe freiwillig den Nachlaß verzeichnet hat und später deshalb die Bestimmung einer Inventarfrist abgelehnt wurde.[87]) Wenn, wie die Gegenmeinung zugibt, der Rechtsnachteil aus § 2005 Abs. 1 Satz 1 bei freiwilliger Inventur sofort mit der Errichtung des Inventars eintritt, um wieviel mehr muß dasselbe bei ausdrücklicher Dekretierung rechtzeitiger Inventur gelten?

---

[82]) Vgl. Jaeger S. 16 Anm. 10; weitere Folge in § 239 KO.

[83]) Frommhold Anm. 1d zu § 2005.

[84]) Böhm, Erbrecht S. 387.

[85]) RG vom 15. Mai 1902 bei Gruchot Bd. 46 S. 1125; Binder S. 234.

[86]) Ebenso Dernburg, D. b. R. S. 491 II 2b; Strohal S. 219; Kuhlenbeck Anm. 4 zu § 2005; Planck, Komm. S. 183; Abw. Staudinger S. 235 Anm. 4; Wilke, Komm. S. 77; Mayer-Reis S. 241 Anm. 14; Müller-Meikel S. 587; Fischer-Henle § 2005 Anm. 4; mit dem Texte auch Weißler S. 359 16b.

[87]) Vgl. die eingehende Begründung bei Strohal II S. 219 Anm. 25.

Mit der Inventarpflicht i. e. S. entfällt auch die Verpflichtung zu getreuer Inventur, so z. B. nach Anordnung einer Nachlaßverwaltung (§ 2000),[88] nicht aber, wie schon wiederholt hervorgehoben wurde, bei freiwilliger Inventarerrichtung, welche zwar die künftige Bestimmung einer Inventarfrist ausschließt, die Inventarpflicht i. e. S. als solche jedoch fortbestehen läßt.[89])

3. Pflicht zur Bekräftigung der Richtigkeit des Inventars durch Leistung des Offenbarungseids.

Der Erbe oder sein gesetzlicher Vertreter hat auf Verlangen eines Nachlaßgläubigers vor dem Nachlaßgerichte den Offenbarungseid dahin zu leisten, daß er nach bestem Wissen die Nachlaßgegenstände so vollständig angegeben habe, als er dazu imstande sei (§ 2006 Abs. 1). Die Eidespflicht entfällt, wenn der Erbe ausschlägt (KG. bei Johow Bd. XX S. 256).

a) Voraussetzung der Eidespflicht ist ein Verlangen, d. h. ein Antrag eines Nachlaßgläubigers. Das Verlangen wendet sich an das Nachlaßgericht oder auch unmittelbar an den Erben.[90]) Der Antragsteller braucht nicht identisch zu sein mit demjenigen Nachlaßgläubiger, der die Bestimmung der Inventarfrist beantragt hatte,[91]) zu deren Wahrung der Erbe das Inventar errichtet hat. Auch ein im Aufgebotsverfahren ausgeschlossener oder ihm gemäß § 1974 gleichstehender Nachlaßgläubiger kann die Leistung des Offenbarungseids verlangen.[92]) Dafür spricht einmal der Wortlaut des Gesetzes, das keine Unterscheidung unter den Nachlaßgläubigern aufstellt, zum andern — und das ist m. E. der springende Punkt — der Umstand, daß § 2013 Abs. 1 Satz 2 wegen der Uebergehung des § 2006 Abs. 3 Satz 1 die Möglichkeit nicht ausschließt, daß sich der Erbe dem ausgeschlossenen Nachlaßgläubiger gegenüber auf die Beschränkung seiner Haftung nicht berufen kann, wenn später der Fall des § 2006 Abs. 3 Satz 1 eintritt. Mit Recht weist Binder (S. 232 Anm. 68) außerdem darauf hin, daß auch ein ausgeschlossener Nachlaßgläubiger, da er die Bestimmung einer Inventarfrist beantragen kann, die Leistung des Offenbarungseids fordern können muß.[93]) Der Nachlaßgläubiger, der den Manifestationseid fordert, muß, wenn dies nicht schon bei dem Antrag auf Fristsetzung geschehen ist, in analoger Anwendung des

---

[88]) Planck, Komm. S. 184 vor Anm. 3.

[89]) Vgl. H. Meyer, SeuffBl. 1905 S. 80.

[90]) Ebenso Strohal S. 223; Staudinger S. 237 Anm. 3; Abw. Schneider-Keßler (FGG. 1908) § 79 Anm. 1, die das Verlangen nur an das Nachlaßgericht gestellt wissen wollen, während Wellstein (FGG. Berlin 1906 S. 215 Anm. 3) den Gläubiger sein Verlangen nur an den Erben richten läßt.

[91]) Vgl. Binder S. 232 Anm. 68.

[92]) Ebenso Böhm, Erbrecht S. 397; Planck, Komm. S. 185 Erl. 2; Binder S. 232 Anm. 68; Weißler S. 361; Staudinger S. 237 Anm. 3; abw. Strohal S. 222 Anm. 33, der aber in dem von ihm bearbeiteten V. Buche des Planckschen Kommentars seine Meinung geändert hat.

[93]) Aus diesem Grunde kann auch ein gläubigerischer Miterbe den Offenbarungseid fordern und zwar nicht auf Grund des § 613, sondern des § 19 FGG.

§ 1994 Abs. 2 seinen Anspruch gegen den Nachlaß glaubhaft machen,[94]) weil das Verfahren zur Leistung des Offenbarungseides nur eine Fortsetzung des Inventurverfahrens selbst ist (Josef in ZBlFG. 6. Jahrg. S. 821 Anm. 2). Dem Antrag braucht nicht ein Grund zu der Annahme zu unterliegen, daß das Inventar nicht mit der erforderlichen Sorgfalt errichtet worden sei, wie dies beim Offenbarungseid des § 260 unterstellt wird.[95]) Der Antrag auf Leistung des Offenbarungseids kann gleichzeitig von mehreren Nachlaßgläubigern gestellt werden;[96]) dann greift aber Abs. 4 des § 2006 Platz.

b) Inhalt der Eidespflicht. Der Erbe hat nach § 2006 Abs. 1 durch den Offenbarungseid nur den Bestand der Nachlaßaktiva zur Zeit des Erbfalls (§ 2001), nicht deren Wert und Beschreibung und auch nicht die Höhe und den Bestand der Nachlaßverbindlichkeiten zu bekräftigen.[97]) Die Norm des Eides muß dem Wortlaut der in § 2006 Abs. 1 vorgeschriebenen Eidesnorm genau entsprechen.

c) Abnahme des Eids. Ist das „Verlangen" auf Ableistung des Offenbarungseides von einem Nachlaßgläubiger gestellt, so bedarf es zur Bestimmung des Eidestermins noch eines besonderen hierauf gerichteten Antrags entweder des „verlangenden" Nachlaßgläubigers oder des Erben (§ 79 Satz 1 FGG.).[98]) Die Vorlegung eines zur Eidesleistung verbindenden Vollstreckungstitels ist nicht gefordert. Ist der Antrag gestellt, so setzt das Nachlaßgericht den Termin zur Abnahme des Eids fest. Zu dem Termine sind beide Teile, das sind der Erbe und der den Eid heischende Gläubiger, formlos zu laden (§ 79 S. 2 FGG., § 16 Abs. 2 Satz 2 FGG.; für Bayern vgl. MBek. v. 16. Dezember 1899, JMBl. S. 475). Die Anwesenheit des Nachlaßgläubigers im Eidestermin ist nicht erforderlich (§ 79 S. 3 FGG.). Wegen Beschwerde vgl. § 20 FGG.; die Entscheidungen in ObLG. Bd. IV S. 229, Bd. V S. 192 betreffen den Offenbarungseid gemäß § 2028 Abs. 2 BGB., und können das Beschwerderecht gegen den Manifestationseid aus § 2006 nicht ausschließen, da durch die den Eid betreffende Verfügung des Nachlaßgerichts die Rechte des Erben wie der Nachlaßgläubiger beeinträchtigt sein können. Die Eidesleistung kann nur in dem anberaumten Eidestermin erfolgen.[99]) Sie geschieht vor dem Nachlaßgericht im Verfahren der freiwilligen Gerichtsbarkeit (§§ 72, 73, 79 FGG.; § 2006 Abs. 1 BGB.). Die Landesgesetze können die Verrichtungen des Nachlaßgerichts einer andern Behörde als einem Gericht übertragen (Art. 147 Abs. 1 EG. z. BGB.); die Abnahme des in § 2006 vorgeschriebenen Offenbarungseids geschieht aber auch

---

94) Staudinger S. 237 Erl. 3; Strohal S. 223; Burhenne S. 116; Planck, Komm. Anm. 2 zu § 2006.

95) Strohal a. a. O.

96) Küntzel in Gruchots Beitr. Bd. 41 S. 837 ff.

97) Strohal S. 223 Abs. 4; Müller-Meikel S. 587; Die Eidespflicht des § 2006 geht also nicht soweit wie die Auskunftspflicht des § 2003 Abs. 2; vgl. Hübner, Die Auskunftspflichten d. BGB. Diss. Rostock 1904 S. 87.

98) Binder S. 232 Anm. 69.

99) Weißler S. 360.

in diesem Fall durch dasjenige Amtsgericht, in dessen Bezirk die Nachlaßbehörde ihren Sitz hat (Art. 147 Abs. 2 EG. z. BGB.). Das Verfahren bei der Eidesabnahme bestimmt sich nach §§ 78, 79, 15 FGG., welch letzterer Paragraph die Vorschriften der ZPO. (§§ 478—484) über das Verfahren bei der Abnahme von Eiden für entsprechend anwendbar erklärt. Die Abnahme des Eides kann auch im Rechtshilfeverfahren erfolgen (OLG. V S. 518, 522). Ueber die Eidesleistung ist ein Protokoll aufzunehmen (§ 78 FGG.), dessen Einsicht jedem offensteht, der ein berechtigtes Interesse glaubhaft macht (a. a. O.) (Für Bayern vgl. § 98 Abs. 2 NachlO.). Der Erbe kann vor der Leistung des Eids das Inventar vervollständigen (§ 2006 Abs. 2 BGB.).

d) Die Offenbarungseidspflicht des Erben gemäß § 2006 besteht — und zwar bei jeder Inventurform (KG. bei Johow Bd. 28 S. 28) — sowohl bei Inventarerrichtung zur Wahrung der Inventarfrist, als auch bei freiwilliger Inventur, derentwegen hinterher ein Inventarfristsetzungsantrag abgelehnt wird, nicht aber wenn die Inventarpflichten überhaupt ausgeschlossen sind z. B. während der Dauer einer Nachlaßverwaltung[100]) (vgl. § 10 d. D.), und zwar selbst dann nicht, wenn das Inventar schon vorher errichtet wurde (RJA. IV 201). Mit vollem Recht sagt daher Jaeger (Erb.-Haftg. S. 17), die Verletzung der Eidespflicht erscheint als eine mittelbare Verletzung der Inventarpflicht (sc. i. e. S.).

e) Wirkungen der Eidesleistung. Leistet der Erbe den Offenbarungseid, so wird dadurch noch keine formale Wahrheit der beschworenen Tatsache im Sinne des § 463 ZPO. begründet; für den Nachweis des Gegenteils bleiben vielmehr den Nachlaßgläubigern noch alle Beweismittel offen.[101]) Eine wiederholte Ableistung des Offenbarungseids kann derselbe oder ein anderer Nachlaßgläubiger nur verlangen, wenn Grund zu der Annahme besteht, daß dem Erben nach der Eidesleistung weitere Nachlaßgegenstände bekannt geworden sind (§ 2006 Abs. 4). Die Entscheidung darüber, ob diese Bedingung zutrifft, liegt nicht im Ermessen des Nachlaßgerichts,[102]) wird vielmehr im Prozeßweg getroffen.

f) Der dem „verlangenden" Gläubiger mitzuteilenden Verweigerung des Offenbarungseids steht es gleich, wenn der Erbe weder in dem Termin zur Eidesleistung noch in einem auf Antrag des Gläubigers — nicht auch des Erben — bestimmten neuen Termin erscheint, es sei denn, daß ein Grund vorliegt, durch den das Nichterscheinen in diesem Termin genügend entschuldigt wird (§ 2006 Abs. 3). Das

[100]) Kuhlenbeck Anm. 4 zu § 2006; Staudinger S. 237 Anm. 3; Weißler S. 358; Müller-Meikel S. 583; — KG. v. 27. Juni 1904; desgl. v. 15. Oktober 1900 bei Johow Bd. XX A S. 256; vgl. ZBlFG. 5. Jahrg. S. 415.

[101]) Staudinger S. 238 Anm. 5; Neumann S. 1150; Binder S. 233 Anm. 73.

[102]) Abw. Neumann Anm. 6 zu § 2006; mit dem Text Keidel, FGG. 1907 § 79 Anm. 2 a. E.

Ausbleiben ist jedenfalls dann genügend entschuldigt, wenn der Erbe nicht ordnungsgemäß geladen war. Erscheint der schwurpflichtige Erbe auch in dem zweiten Termine nicht und macht er einen Entschuldigungsgrund geltend, was auch erst nach dem Termin geschehen kann, so hat das Nachlaßgericht auf seinen Antrag, unbeschadet des Rechtes eines Nachlaßgläubigers, die Entschuldbarkeit des Ausbleibens im Prozeßweg anzustreiten, einen dritten Eidestermin zu bestimmen (vgl. Josef in ZBlFG. III S. 603 gegen OLG. Rostock, vom 5. November 1901 s. Anm. 103). Ueber das Vorliegen eines Entschuldigungsgrundes entscheidet der Prozeßrichter, nicht der Richter der freiwilligen Gerichtsbarkeit.[103])

g) Unerzwingbarkeit der Eidespflicht. Verweigert der Erbe den von ihm verlangten Offenbarungseid, so trifft ihn nur der in § 2006 Abs. 3 S. 1 angedrohte Rechtsnachteil; dagegen kann keine Klage auf Leistung des Eids angestrengt, noch unmittelbarer Zwang nach Maßgabe der §§ 888, 889 ZPO. gegen ihn ausgeübt werden[104]) (vgl. Frese, Angeleg. d. freiw. Gerichtsb. Leipzig 1903 Anm. 4 zu § 79 FGG.). Zulässig ist dagegen eine Klage auf Feststellung der Verpflichtung des Erben zur Leistung des Offenbarungseids.[105])

h) Teilbarkeit der Eidespflicht. Verweigert der Erbe einem Nachlaßgläubiger gegenüber den Offenbarungseid, so können immer noch die übrigen Nachlaßgläubiger den Eid fordern und sie werden dies praktisch in den meisten Fällen auch tun, wenn der Erbe durch Verweigerung des zuerst von ihm verlangten Eides starke Zweifel an der Vollständigkeit des Inventars hat aufkommen lassen. Die Eidesverweigerung hat ja nur relative Wirksamkeit zugunsten des den Eid fordernden Erbschaftsgläubigers (s. unten § 9 d. D.; vgl. Keidel S. 226 Anm. 2). Eben deshalb kann das Nachlaßgericht den Antrag eines anderen Nachlaßgläubigers, dem Erben einen Eidestermin zu setzen, nicht mit der Begründung ablehnen, der Erbe habe den Eid bereits einmal verweigert.

§ 8. Wirkungen der Erfüllung der Inventarpflichten.

1. Wirkungen für den Erben:

Hat der Erbe seine auf das Nachlaßinventar bezüglichen Verpflichtungen erfüllt oder ist ihre Erfüllung aus rechtlichen oder tat-

---

[103]) OLG. Rostock v. 5. November 1901 i. OLGRspr. Bd. IV S. 118; SeuffA. Bd. 57 S. 40.

[104]) Ebenso: Staudinger S. 236 Anm. 2; Strohal S. 224 Anm. 39; Jaeger S. 17 Anm. 13; Wilke, Komm. S. 78; Neumann S. 1150 Anm. 5 c; Weißler S. 360; Dernburg, D. b. R. S. 491 Anm. 1; Binder S. 233; Müller-Meikel S. 583; OLG. Dresden v. 11 Januar 1905, OLGRspr. Bd. X S. 296; jetzt in 3. Aufl. auch Planck, Komm. S. 187 c). Abw. nur noch Kuhlenbeck Anm. 2 zu § 2006; Scherer S. 90; Mayer-Reis S. 239 Anm 40.

[105]) Reinhard in BayZfR. 1. Jahrg. 1905 S. 95, 96. Abw. Dorner: das Reichsgesetz ü. d. Angel. d. freiw. Gerichtsbarkeit 1889 S. 359.

sächlichen Gründen von ihm nicht gefordert worden, so treten zu seinen Gunsten alle im § 6 oben unter I geschilderten Vorteile rechtlicher und tatsächlicher Art ein, insbesondere die Sicherung seines Haftungsbeschränkungsrechtes gegen Verlust durch Versäumung einer später zu bestimmenden Inventarfrist.[1]) Denn, wenn der Erbe einmal zur Wahrung der auf Betreiben eines Nachlaßgläubigers ihm gesetzten Inventarfrist ein ordnungsmäßiges Inventar errichtet hat, kann ihm später nicht mehr auf Antrag eines andern Nachlaßgläubigers eine neue Inventarfrist bestimmt werden. Es folgt dies aus denselben Gründen, aus welchen — wie wir oben § 6 I 3 gesehen haben — nach erfolgter freiwilliger Inventur ein Antrag eines Nachlaßgläubigers auf Bestimmung einer Inventarfrist vom Nachlaßgericht ohne Weiteres abzulehnen ist. Es bleibt aber immer wieder zu beachten, daß der Erbe nach Erfüllung der Inventarpflicht i. e. S. zur Erfüllung der übrigen Inventarpflichten, soweit sie losgelöst von einer neuen Inventarfristsetzung bestehen können, den übrigen Nachlaßgläubigern gegenüber verbunden ist; dies gilt insbesondere von der Verpflichtung zur eidlichen Bekräftigung des Inventars auf Verlangen eines anderen Nachlaßgläubigers als desjenigen, auf dessen Antrag die Inventarfrist bestimmt worden war.

2. Wirkungen für die Nachlaßgläubiger.

Erfüllt der Erbe die ihm obliegenden Inventarpflichten, so treten zugunsten sämtlicher Nachlaßgläubiger, nicht nur zum Vorteil desjenigen, der die Bestimmung der Inventarfrist veranlaßt hat, alle Vorteile ein, die oben § 6 II als Wirkungen der freiwilligen Nachlaßinventur für die Nachlaßgläubiger beschrieben wurden. Um jene Vorteile zur praktischen Wirksamkeit bringen zu können, steht jedem Nachlaßgläubiger, der seine Forderung und damit sein rechtliches Interesse glaubhaft macht, die Einsicht in das beim Nachlaßgericht befindliche Inventar zu (§ 2010). Behufs Glaubhaftmachung seiner Forderung kann der die Einsicht begehrende Nachlaßgläubiger zur Versicherung an Eides Statt zugelassen werden (FGG. § 15 Abs. 2). Verweigert das Nachlaßgericht trotz Glaubhaftmachung des rechtlichen Interesses die Einsicht in das Inventar, so steht dem Abgewiesenen die Beschwerde gemäß § 19 FGG. zu. Eine beglaubigte Abschrift des Inventarinhalts kann, muß aber nicht, vom Nachlaßgericht erteilt werden (FGG. § 34).

§ 9. Wirkungen der Verletzung der Inventarpflichten.

I. Das Prinzip. Das Schwergewicht der Bedeutung der dem Erben auferlegten Inventarpflichten liegt negativ darin, daß ihre Verletzung, gleichviel um welche der Inventarpflichten es sich handelt, die „unbeschränkte Haftung" im erbrechtlich-technischen Sinne des § 2013 BGB. herbeiführt.

[1]) Vgl. Beuster S. 79.

1. Nach dem Ablauf der Inventarfrist **haftet** der Erbe für die Nachlaßverbindlichkeiten **unbeschränkt**, wenn nicht vorher das Inventar errichtet wird (§ 1994 Abs. 1 S. 2).[1])

2. Verletzung der Auskunftspflicht bei amtlicher Inventarerrichtung zieht gemäß § 2005 Abs. 1 S. 2 die **unbeschränkte Haftung** des Erben für die Nachlaßverbindlichkeiten nach sich.

3. Verletzt der Erbe seine Verpflichtung zu getreuer Inventur, so **haftet** er nach § 2005 Abs. 1 S. 1 **unbeschränkt**.

4. Verletzt der Erbe seine Verpflichtung zur eidlichen Bekräftigung der Richtigkeit des Inventars, so **haftet** er nach § 2006 Abs. 3 S. 1 dem Nachlaßgläubiger, der den Antrag gestellt hat, **unbeschränkt**.

Wir sehen: Die Wirkung der Verletzung einer jeden Inventarverpflichtung des Erben ist zugunsten der Nachlaßgläubiger dieselbe, nämlich Herbeiführung der „unbeschränkten Haftung." Nur der Stärke nach sind die Wirkungen verschieden. Versäumung der Inventarpflicht i. e. S., der Auskunftspflicht, der Verpflichtung zu getreuer Inventur bewirken gleichheitlich „unbeschränkte Haftung" zugunsten **aller** Nachlaßgläubiger; Verweigerung des Offenbarungseides dagegen nur zugunsten **des** ihn fordernden Nachlaßgläubigers; den übrigen Nachlaßgläubigern gegenüber bleibt das bisherige Haftungsprinzip in Geltung. Als Grund für diese eingeschränkte Wirkung der Verletzung der Manifestationspflicht erwähnen die Protokolle S. 7915. „Es wäre eine große Härte, dem Erben, der aus Achtung vor der Heiligkeit des Eides nicht wegen eines geringfügigen Betrages schwören wolle, das Inventarrecht auch gegenüber den ihm nicht bekannt gewesenen, vielleicht sehr großen Forderungen anderer Nachlaßgläubiger zu nehmen".[2]) Gebilligt wird diese eingeschränkte Wirkung der Offenbarungseidesverweigerung u. a. von Küntzel (S. 837 ff.) und Wilke (Erbenhaftung S. 8), gegen Strohal (S. 330) und Jaeger (Erbenhaftung S. 17 Anm. 14). Letzteren hat sich auch Binder (S. 233 Anm. 70) allerdings mit anderer Begründung angeschlossen.

Unrichtig, weil ohne Anhalt im Gesetz, ist die von Müller-Meikel (S. 588) vertretene Ansicht, daß der Erbe dem den Offenbarungseid verlangenden Nachlaßgläubiger gegenüber bei Verweigerung des Eides unbeschränkt nur hinsichtlich der Nachlaßverbindlichkeiten hafte, derentwegen die Eidesleistung verlangt worden war.[3])

---

[1]) Vgl. Binder S. 65.

[2]) Wilke rechfertigt diese Rechtsfolge damit, daß die Eidesleistung eine größere Zumutung an den Erben bedeute, als die Errichtung des Inventars; Enneccerus-Lehmann S. 705 Anm. 2 fragt aber mit Recht: Handelt sonst bei Erfüllung der Inventarpflicht jeder Nachlaßgläubiger im Interesse sämtlicher, weshalb nicht auch hier?

[3]) Mit dem Texte: Neumann S. 1150.

II. Wirkungen der „unbeschränkten Haftung". Treffend bezeichnet Endemann[4]) § 2013 BGB., der als sedes materiae für die Lehre von der „unbeschränkten Erbenhaftung" anzusehen ist, als kein Meisterstück der Gesetzgebungskunst. „Die elegantia iuris", führt er aus, „würde verlangen, daß diese Ordnung, die für das Volksleben die größte praktische Bedeutung hat,[5]) in ihrem Inhalt, Folgen und Gefahren klar und eindrücklich vorangestellt würde. Statt dessen findet sich hier eine lediglich indirekte Normgebung; was ‚unbeschränkte' Haftung bedeutet, wird nirgends klar und offen ausgesprochen."

§ 2013 Abs. 1 Satz 1 Halbs. 1 sagt: „Haftet der Erbe für die Nachlaßverbindlichkeiten unbeschränkt, so finden die Vorschriften der §§ 1973—1975, 1977—1980, 1989—1992 keine Anwendung." M. a. W. die „unbeschränkte Haftung" löst den Verlust sämtlicher Haftungsbeschränkungsmittel aus; denn diese sind in den in § 2013 Abs. 1 Satz 1 Halbs. 1 angezogenen und für unanwendbar erklärten Normen erschöpfend aufgeführt.[6]) Folgerichtig verwandelt sich mit dem Eintritt der „unbeschränkten Haftung" im Sinne des § 2013 die **im Prinzip** schon von Anfang an bestehende **unbeschränkte**, aber mittels der geeigneten Maßnahmen beschränkbare Erbenhaftung in eine **endgültig unbeschränkte und unbeschränkbare**.[7]) Hieraus ergeben sich, je nachdem die unbeschränkte Erbenhaftung zugunsten aller oder nur einzelner Nachlaßgläubiger eingetreten ist, folgende praktisch wichtige Folgen:

A. Haftet der Erbe allen Nachlaßgläubigern unbeschränkt (§§ 1994 Abs. 1 Satz 2, 2005 Abs. 1 Satz 1 und 2), so ist die durch den Erbfall vorläufig herbeigeführte Vereinigung der beiden Vermögensmassen des Erben und des Erblassers ein fait accompli geworden.[8]) Der Zweck der Nachlaßabsonderung, nämlich die Haftungsbeschränkung, ist unerreichbar geworden. Folglich kann sich der Erbe nicht mehr die Beschränkung seiner Haftung im Urteil gemäß § 780 ZPO. vorbehalten lassen; ein etwa schon ausgesprochener Vorbehalt verliert seine Wirksamkeit, wenn nach Urteilsfällung endgültig unbeschränkte Haftung eingetreten ist,[9]) denn der Vorbehalt bedeutet nur, daß der Erbe im Vollstreckungsverfahren durch Widerspruchsklage die prozeßgerichtliche Entscheidung über den Umfang seiner Haftung anrufen kann (Seuffert, Komm. z. ZPO. 1908 S. 440; §§ 781, 785 ZPO.), was keinen Sinn mehr hätte, wenn die endgültig unbeschränkte Erbenhaftung feststeht. Im einzelnen folgt aus § 2013 Abs. 1 in Verbindung mit den anderen einschlägigen Gesetzesstellen:

---

4) S. 458.
5) Planck, Komm. S. 197 Erl. 1 Abs. 2 a. a. O.
6) Jaeger S. 2 I a. E.; Planck, Komm. a. a. O; Strohal S. 196.
7) Binder S. 241; Endemann S. 458.
8) Endemann a. a. O.
9) Binder S. 241.

1. Die Vorschriften der §§ 1973—1975 sind unanwendbar geworden.

a) Mit dem Eintritt der „unbeschränkten Haftung" kann der Erbe einen später im Aufgebotsverfahren oder gemäß § 1974 ausgeschlossenen Nachlaßgläubiger nicht mehr auf den Rest des Nachlasses verweisen (§§ 2013 Abs. 1 Satz 1 mit 1973, 1974).[10]) Auf eine schon früher eingetretene Ausschließung gemäß §§ 1973, 1974 kann sich aber der allen Nachlaßgläubigern unbeschränkt haftende Erbe nach wie vor berufen (§ 2013 Abs. 1 Satz 2).[11]) Tritt während eines schwebenden Aufgebotsverfahrens unbeschränkte Haftung ein, so kann der Erbe die demnächst ausgeschlossenen Nachlaßgläubiger nicht auf den Nachlaßrest verweisen.[12]) Kann sich der unbeschränkt haftende Erbe einzelnen Nachlaßgläubigern gegenüber auf die §§ 1973, 1974 stützen, so ist die Folge, daß er teils beschränkt gemäß den letztgenannten Paragraphen, teils endgültig unbeschränkt — nämlich den übrigen Nachlaßgläubigern gegenüber — haftet.[13]) Nach § 991 mit § 989 ZPO. ist der unbeschränkt haftende Erbe nicht mehr zur Stellung des Antrags auf Einleitung des Aufgebotsverfahrens zum Zwecke der Ausschließung von Nachlaßgläubigern auf Grund des §§ 1970 ff. BGB. berechtigt; wohl aber kann fürderhin noch ein Nachlaßpfleger oder Testamentsvollstrecker einen solchen Antrag stellen, allerdings nicht mit der Wirkung, daß der Erbe den Vorteil des § 1973 BGB. gewinnt;[14]) vielmehr ist die Wirkung eines so erlassenen Ausschlußurteils die, daß bei der Befriedigung aus dem Nachlaß die anmeldenden den ausgeschlossenen Nachlaßgläubigern vorangehen.[15])

b) Bei unbeschränkter Haftung ist § 1975 unanwendbar; d. h. die Anordnung einer Nachlaßverwaltung oder die Eröffnung des Nachlaßkonkurses löst nicht mehr die Beschränkung der Haftung aus.[16]) Der Erbe ist nicht mehr berechtigt, die Anordnung einer Nachlaßverwaltung zu beantragen (§ 2013 Abs. 1 Satz 1 Halbs. 2), wohl aber behält er sein Recht zur Beantragung des Nachlaßkonkurses (KO. § 216).[17]) Findet eine Nachlaßverwaltung auf Antrag eines Nachlaßgläubigers oder ein Nachlaßkonkurs auf Antrag des Erben oder eines Nachlaßgläubigers statt, so bewirken diese

---

[10]) Binder S. 129.

[11]) Weißler S. 361; Jaeger S. 19; Endemann S. 460 b 1; Müller-Meikel S. 592.

[12]) Ebenso Planck, Komm. S. 104 Anm. 1.

[13]) Vgl. Wendt, Ziv. Prax. S. 391.

[14]) Binder S. 243; Planck c. l. u. S. 105 oben.

[15]) Binder c. l.; dagegen Landsberg S. 1179.

[16]) Wendt, Ziv. Prax. S. 359 Anm. 4.

[17]) Binder S. 131; Begründung S. 73 Nr. 40 ebenda; Protok. Bd. V S. 763.

Maßnahmen nicht mehr den Eintritt der Haftungsbeschränkung gemäß § 1975[18]) und der Erbe kann nicht mehr verlangen, daß Maßregeln der Zwangsvollstreckung aufgehoben werden, die zugunsten eines Nachlaßgläubigers bereits in sein Eigenvermögen erfolgt sind (ZPO. § 784 Abs. 1).[19])

2. Nach Eintritt der unbeschränkten Haftung finden die §§ 1977—1980 keine Anwendung. Daraus folgt:

a) Hat ein Nachlaßgläubiger nach Eintritt der unbeschränkten Haftung, aber vor Anordnung der Nachlaßverwaltung oder vor Eröffnung des Nachlaßkonkurses seine Forderung gegen eine Erbenforderung ohne Zustimmung des Erben aufgerechnet oder hat ein Erbengläubiger gegen eine Nachlaßforderung aufgerechnet, so bleibt die Aufrechnung nach Eintritt jener Maßnahmen wirksam (§§ 2013, 1977).[20])

b) Die in § 1978 bestimmte Verantwortlichkeit des Erben für die Verwaltung des Nachlasses nach Anordnung der Nachlaßverwaltung oder Eröffnung des Nachlaßkonkurses tritt nicht ein, wenn vor Erfüllung jener Maßnahmen die endgültig unbeschränkte Haftung herbeigeführt worden ist. Denn dann, bemerkt Binder (a. a. O. S. 143) zutreffend, „hat es keinen Sinn, den Erben mit seinem eigenen bereits verhafteten Vermögen nochmals für die Schädigung der Gläubiger haften zu lassen".[21])

c) Die gleiche Erwägung wie unter b a. E. macht die Verantwortlichkeit des Erben gemäß § 1980 nach eingetretener unbeschränkter Haftung entbehrlich.[22])

d) Endlich entfällt nach Eintritt unbeschränkter Haftung bei nachträglich angeordneter Nachlaßverwaltung die Anwendbarkeit des § 1979, d. h. die Nachlaßgläubiger brauchen die Berichtigung einer Nachlaßverbindlichkeit durch den Erben auch dann nicht als für Rechnung des Nachlasses erfolgt gelten lassen, wenn der Erbe den Umständen nach annehmen durfte, daß der Nachlaß zur Berichtigung aller Nachlaßverbindlichkeiten ausreiche.[23])

3. Nach Eintritt der unbeschränkten Haftung verlieren die §§ 1989—1992 ihre Wirksamkeit. Diese Vorschriften aber bestimmen die Haftungsbeschränkung auf Grund der Unzulänglichkeitseinrede (§§ 1990—1992) oder der Beendigung des Nachlaßkonkurses

---

18) Binder S. 174; Jaeger, Erb.-Haftg. S. 17 unten; Mayer-Reis S. 240 Anm. 5.

19) Jaeger a. a. O. S. 17 und 18; Endemann S. 465; § 2000 S. 3 wird dann belanglos.

20) Jaeger, Erb.-Haftg. S. 55 und 56; Küntzel S. 836 und Hellmann, Kritische Vierteljahrsschrift Bd. 39 S. 241 gegen die kritischen Bedenken Strohals S. 261 Anm. 6; vgl. auch Binder S. 154.

21) Strohal S. 266 g.

22) Münchmeyer S. 13.

23) Eccius S. 621.

durch Verteilung der Masse oder durch Zwangsvergleich (§ 2013 mit §§ 1989, 1973).

4. Wenn der Erbe unbeschränkt haftet, so kann er sich nicht mehr auf die aufschiebenden Einreden der §§ 2014, 2015 BGB. (§§ 782, 783 ZPO.) berufen (§ 2016 Abs. 1 BGB.).[24])

Hat der unbeschränkt haftende Erbe aus seinem Vermögen eine Nachlaßverbindlichkeit berichtigt und gilt die Berichtigung nicht gemäß § 1979 als für Rechnung des Nachlasses erfolgt (§§ 2013, 1979), so tritt der Erbe in dem hernach eröffneten Konkursverfahren über den Nachlaß nicht an die Stelle des befriedigten Gläubigers (§ 225 Abs. 2 KO.).[25])

Nachlaßgläubiger, denen der Erbe unbeschränkt haftet, sind befugt, ihre Forderungen auch im Erbenkonkurse anzumelden, allerdings nur mit dem Betrag, mit dem sie etwa schon anderweit ausgefallen sind oder bezüglich dessen sie auf Befriedigung aus dem Nachlaß verzichten (KO. § 234).[26])

Hat ein Nachlaßgläubiger für seine Forderung ein Recht auf Befriedigung aus einem zum Nachlaß gehörenden Grundstücke, so kann der Erbe nach Annahme der Erbschaft die Zwangsversteigerung des Grundstücks beantragen. Diese Vorschrift findet keine Anwendung, wenn der Erbe für die Nachlaßverbindlichkeiten unbeschränkt haftet (ZVG. § 175 Abs. 1 Satz 1, Abs. 2 Halbs. 1).[27])

Endlich sei darauf hingewiesen, daß die Verfügung eines Nichtberechtigten über einen Gegenstand wirksam wird, wenn der Verfügende von dem Berechtigten beerbt wird und dieser für die Nachlaßverbindlichkeiten (endgültig) unbeschränkt haftet (§ 185 Abs. 2 Satz 1 BGB.).

B. Haftet der Erbe nur einzelnen Nachlaßgläubigern unbeschränkt (§ 2006 Abs. 3 Satz 1, auch vertragsmäßiger teilweiser Verzicht auf die Beschränkbarkeit oder bereits erwirkte Haftungsbeschränkung gegenüber einem Einzelgläubiger), so steht ihm sein Haftungsbeschränkungsrecht nach wie vor im Verhältnis zu den übrigen Nachlaßgläubigern zu, folglich bleiben diesen gegenüber alle Wirkungen der Beschränkbarkeit der Haftung fortbestehen.[28]) Im einzelnen ergibt sich hieraus:

1. Dem Erben bleibt die Möglichkeit offen, ein Aufgebotsverfahren zur Ausschließung von Nachlaßgläubigern gemäß den §§ 1970 ff. BGB., § 991 ZPO. zu veranlassen und sich ihnen gegenüber auf die §§ 1973, 1974, 1989 zu berufen.[29])

---

[24]) Wendt S. 401.

[25]) Jaeger, Erb.-Haftg. S. 82 2 a.

[26]) Jaeger, Komm. z. KO. 2. Aufl. 1904 S. 749 ff.; Binder S. 199.

[27]) Steiner (Komm. z. Ges. ü. d. Zw.-Versteigerung u. d. Zw.-Verw. II. Aufl. München 1909 Erl. 2 zu § 175) meint irrig, Voraussetzung der Anwendbarkeit der §§ 175—179 ZVG. sei die beschränkte Haftung.

[28]) Endemann S. 461.

[29]) Jaeger, Erb.-Haftg. S. 18.

2. Der Erbe behält sein Recht, die Anordnung einer Nachlaßverwaltung zu beantragen (§ 2013 Abs. 2 BGB.). Kommt es dahin, sei es auf seinen oder eines Nachlaßgläubigers Antrag oder wird Nachlaßkonkurs auf Antrag eines von beiden eröffnet, so erwirbt der Erbe beschränkte Haftung gegenüber allen denjenigen Nachlaßgläubigern, denen er nicht schon endgültig unbeschränkt haftet.[30])

3. Auf eine nach §§ 1973, 1974 eingetretene Beschränkung der Haftung kann sich der Erbe nicht mehr berufen, wenn später der Fall des § 2006 Abs. 3 Satz 1 eintritt (arg. a contr. § 2013 Abs. 1 Satz 2 BGB.).[31]) M. a. W. Verweigert der Erbe einem ausgeschlossenen oder diesem gleichstehenden Nachlaßgläubiger den von ihm geforderten Offenbarungseid gemäß § 2006, so verliert er wieder den erworbenen Vorteil beschränkter Haftung.

4. Der Erbe, der sein Haftungsbeschränkungsrecht noch nicht völlig verloren hat, kann im Nachlaßkonkurs die Forderung des Nachlaßgläubigers, welchem er bereits endgültig unbeschränkt haftet, dann geltend machen, wenn dieser es nicht selbst getan hat oder wenn er ihn noch während des Konkursverfahrens aus seinem eigenen Vermögen befriedigt (KO. § 225 Abs. 3).[32])

5. Die Vorschriften der §§ 1977 bis 1980 werden nicht dadurch ausgeschlossen, daß der Erbe einzelnen Nachlaßgläubigern gegenüber unbeschränkt haftet (§ 2013 Abs. 2 BGB.);[33]) ebensowenig trotz des strengen Wortlauts dieser Gesetzesstelle die analoge Anwendung der §§ 1989 bis 1992[34]).

6. Der Verlust des Haftungsbeschränkungsrechts zugunsten einzelner Nachlaßgläubiger beraubt den Erben der ihm durch die §§ 2014, 2015 eingeräumten aufschiebenden Einreden nur gegenüber jenen, nicht aber den übrigen Nachlaßgläubigern (§ 2016 Abs. 1).[35])

III. Zuständigkeit und Beweislast: Ob der Erbe seine Inventarverpflichtungen erfüllt oder verletzt hat, ob er demgemäß sein Haftungsbeschränkungsrecht noch besitzt oder es gegenüber allen oder einzelnen Gläubigern verloren hat, wird im Streitfalle nicht vom Nachlaßrichter, sondern vom Prozeßrichter entschieden.[36]) Der den Verlust des Beschränkungsrechtes behauptende Nachlaßgläubiger muß die maßgebenden Tatsachen behaupten und erforderlichenfalles beweisen[37]) (vgl. § 2 a. E. d. D.).

---

[30]) Strohal S. 331.
[31]) Weißler S. 364; Jaeger, Erb.-Haftg. S. 19 oben.
[32]) Jaeger, Erb.-Haftg. S. 33.
[33]) Planck, Komm. Erl. 3 zu § 2013; Cosack S. 739.
[34]) Strohal S. 332 oben; Planck, Komm. S. 201 oben; Staudinger S. 248.
[35]) Müller-Meikel S. 621.
[36]) Vgl. Weißler S. 364; Burhenne S. 122, Motive z. BGB. Bd. V S. 609, RG. v. 21. Februar 1907 in RJA. 1907 S. 186.
[37]) Staudinger S. 248 IV.

§ 10. Ausnahmen von den Inventarverpflichtungen.

Im Gegensatz zu den Fällen unzulässiger Inventarfristsetzung bei an sich gegebener Inventarisierungspflicht (s. o. § 6 I 3) stehen die im folgenden näher zu betrachtenden Fälle grundsätzlichen Ausschlusses jeglicher auf das Nachlaßinventar sich beziehenden Verpflichtung des Erben (vgl. das oben § 7 B vor 1 Gesagte).

1. Gemäß § 2000 S. 2 BGB. kann während der Dauer der Nachlaßverwaltung oder des Nachlaßkonkurses eine Inventarfrist nicht bestimmt werden. Eine im Widerspruch damit bestimmte Frist wäre bedeutungslos. Damit entfällt während der genannten Zustände die Inventarpflicht i. e. S. Es rechtfertigt sich diese Rechtsfolge aus den oben § 7 A 8 für das Unwirksamwerden der Inventarfrist erörterten Gründen.[1]) Ist der Nachlaßkonkurs durch Verteilung der Masse oder durch Zwangsvergleich beendigt, so bedarf es zur Abwendung der unbeschränkten Haftung der Inventarerrichtung nicht (§ 2000 S. 3 BGB.), d. h. unter solchen Umständen hat der Erbe den Verlust des Haftungsbeschränkungsrechts auf keinen Fall zu besorgen; folglich greifen dann weder die engeren noch die weiteren Inventarpflichten Platz, aus deren Versäumung die völlige oder teilweise endgültig unbeschränkte Haftung entspringen könnte. Endigt dagegen der Nachlaßkonkurs auf andere Weise als durch Verteilung der Masse oder durch Zwangsvergleich[2]) oder ist die Nachlaßverwaltung auf irgendeine Weise erledigt worden, so leben sämtliche Inventarverpflichtungen samt den an ihre Verletzung geknüpften Folgen wieder auf (arg. a. contr. § 2000 S. 2 und 3 „während")[3]); § 1975 ist gegenüber § 2000 einschränkend auszulegen.

Treffen die Voraussetzungen der §§ 1990, 1991 schon im Zeitpunkt des Erbfalls zu, so tritt die Beschränkung der Erbenhaftung nicht schon von da an kraft Gesetzes ein, denn die §§ 1990, 1991 gewähren dem Erben nur eine Einrede, deren Geltendmachung zum Erwerbe beschränkter Haftung vorausgesetzt wird; vielmehr kann immer noch, solange der Erbe von der Einrede keinen Gebrauch gemacht hat (§ 1991), das Beschränkungsrecht durch Verletzung einer Inventarpflicht verwirkt werden.[4])

---

[1]) Strohal S. 213; anders begründet diese Folge Binder S. 224.

[2]) KO. §§ 202, 204.

[3]) Cosack S. 729; Enneccerus-Lehmann S. 715 a. E.; Münchmeyer S. 37, 42; Mathiaß S. 570; Strohal S. 213; Eccius S. 626 Anm. 23; Frommhold Erl. 2 zu § 2000; Hachenburg S. 673 ff.; Endemann S. 458; Weißler S. 305, 323, 348; Hagen S. 97; Staudinger Erl. 3 S. 230; Meyer S. 32, 33; Binder S. 225; Jaeger, Erb.-Haftg. S. 18; Planck, Komm S. 154 1 b α u. β in Abweichung von seinem früheren Standpunkt; abw. nur noch Dernburg, D. b. R. S. 475.

[4]) Vgl. Eccius S. 615; Münchmeyer S. 2 oben.

2. Ist der Fiskus gesetzlicher Erbe, so kann ihm eine Inventarfrist nicht gesetzt werden (§ 2011 S. 1); wohl aber ist er den Nachlaßgläubigern gegenüber verpflichtet, über den Bestand des Nachlasses Auskunft zu erteilen (S. 2 a. a. O.). Die Befreiung des gesetzlich erbenden Fiskus von der unmittelbaren Inventarpflicht rechtfertigt sich aus § 1942 Abs. 2, zufolge dessen er die Erbschaft nicht ausschlagen kann. Da dem kraft Gesetzes erbenden Fiskus eine Inventarfrist nicht bestimmt werden kann, so kann er sein Haftungsbeschränkungsrecht durch Versäumung der Inventarfrist nicht verlieren;[5]) diese Folge ist auch dann ausgeschlossen, wenn der Fiskus nach freiwilliger Inventur, die ihm natürlich jederzeit freisteht, praktisch allerdings nur sehr selten vorkommen wird, die Erfüllung der Eidespflicht gemäß § 2006 verweigert (vgl. das oben § 7 B 3 d Gesagte).[6]) Allerdings ist der Fiskus gegenüber jedem Nachlaßgläubiger zur Auskunfterteilung über den Nachlaß verbunden, und hat daher gemäß § 260 BGB. den Berechtigten ein Verzeichnis des Nachlaßbestandes vorzulegen und wenn Grund zu der Annahme besteht, daß das Verzeichnis nicht mit der erforderlichen Sorgfalt aufgestellt worden ist, auf Verlangen den Offenbarungseid in der Fassung des Abs. 2 des § 260 BGB. zu leisten; allein einerseits ist jenes Nachlaßverzeichnis kein solches im technisch erbrechtlichen Sinne, andererseits bringt die Verweigerung jenes Manifestationseides nicht die Rechtsfolge des § 2006 Abs. 3 mit sich.[7])

Aus dem Gesagten ergibt sich, daß der kraft Gesetzes zur Erbfolge berufene Fiskus die Mittel zur Haftungsbeschränkung nie verlieren kann;[8]) allerdings muß auch er zu ihrer Verwirklichung die gesetzlich geeigneten Maßnahmen wie jeder andere Erbe treffen[9]) und im Vollstreckungsverfahren gegen eine Vollstreckungsmaßregel in sein Eigenvermögen nach Maßgabe der §§ 781, 767 ZPO. Einwandsklage erheben; dagegen ist zur Geltendmachung der Haftungsbeschränkung durch den Fiskus deren Vorbehalt im Urteil nicht erforderlich (§ 780 Abs. 2 ZPO.).[10])

Ist gemäß Art. 138 EG. z. BGB. kraft vorbehaltenen Landesrechts (unter den größeren Einzelstaaten hat von diesem Vorbehalt nur Preußen in AG. Art. 89 Nr. 1 c Gebrauch gemacht; vgl. für das gesetzliche Erbrecht der Stadt Berlin Rezeß Joachim I. vom 27. Dezember 1508) im Falle des § 1936 BGB. an Stelle des Fiskus eine Körperschaft, Stiftung oder Anstalt des öffentlichen Rechtes gesetzlicher Erbe, so muß § 2011 analoge Anwendung finden.[11])

---

[5]) Jaeger, Erb.-Haftg. S. 14.

[6]) Münchmeyer S. 52; Neumann Erl. 2 zu § 2011; Staudinger S. 245 Erl. 2.

[7]) Binder S. 224 Anm. 17; Strohal S. 212.

[8]) Abw. H. Meyer, SeuffBl. 1905 S. 81.

[9]) Wendt S. 405.

[10]) Jaeger, Erb.-Haftg. S. 14.

[11]) Staudinger S. 245 Erl. 3 zu § 2011.

3. Einem nach §§ 1960, 1961 bestellten Nachlaßpfleger kann eine Inventarfrist nicht bestimmt werden (§ 2012 Abs. 1 Satz 1). Er ist zwar Vertreter des Erben, aber seine Vertretungsbefugnis beschränkt sich auf den Nachlaß und er soll daher nicht imstande sein, durch Versäumung einer ihm gesetzten Inventarfrist das Haftungsbeschränkungsrecht des Erben zu verwirken.[12]) Der Nachlaßpfleger ist indessen dem Nachlaßgläubiger gegenüber verpflichtet, über den Bestand des Nachlasses Auskunft gemäß § 260 BGB. zu erteilen (§ 2012 Abs. 1 Satz 2); er hat daher ein Nachlaßverzeichnis vorzulegen und gegebenen Falles seinen Inhalt durch den Offenbarungseid nach § 260 Abs. 2 a. a. O. zu erhärten. Wie der Nachlaßpfleger nicht durch Versäumung einer ihm zu setzenden Inventarfrist dem Erben Schaden zufügen können soll, ebensowenig kann er auf die Beschränkung der Haftung des Erben verzichten (§ 2012 Abs. 1 Satz 3). Zur Geltendmachung der Haftungsbeschränkung im Zwangsvollstreckungsverfahren bedarf es deren Vorbehalt in einem gegen einen Nachlaßverwalter oder einen andern Nachlaßpfleger ergehenden Urteile nicht (§ 780 Abs. 2 ZPO.).[13])

Vorstehende Sätze gelten kraft ausdrücklicher Vorschrift in § 2012 Abs. 2 auch für den Nachlaß-Verwalter[14]); diese Bestimmung wird durch § 2000 ergänzt, falls die Frist schon vor Anordnung der Nachlaßverwaltung gesetzt worden war.

Der Verwalter im Konkurse über den Nachlaß oder das Gesamtvermögen des Erben ist zur Abwendung der unbeschränkten Haftung für die Nachlaßschulden von der Konkursmasse nicht gehalten, die nur den Erben treffenden Inventarpflichten zu erfüllen, da er zudem nicht, wie ein Nachlaßverwalter, Vertreter des erbenden Kridar, sondern der Gläubigergemeinschaft ist.[15])

Die dem Nachlaßverwalter oder Nachlaßkonkursverwalter obliegende Pflicht, den Nachlaß zur Führung einer ordnungsmäßigen Verwaltung aufzuzeichnen, ist von der erbrechtlichen Inventarpflicht grundsätzlich verschieden.[16])

Die Ernennung eines Testamentsvollstreckers schließt die Inventarverpflichtungen des Erben nicht aus. Diesem und nur ihm kann vielmehr eine Inventarfrist bestimmt werden, zu deren Wahrung ihm der Testamentsvollstrecker bei der Inventarerrichtung die erforderliche Beihilfe zu leisten hat (§ 2215 Abs. 1).[17])

---

[12]) Strohal S. 213c; Binder S. 225 Anm. 23; Motive S. 550; anders begründet § 2012 Jaeger, Erb.-Haftg. S. 14 1 a Abs. 3.

[13]) Vgl. noch Planck, Komm. S. 246 Erl. 1 zu § 2012.

[14]) Strohal S. 214.

[15]) Ebenso Weißler S. 348; Jaeger, Erb.-Haftg. S. 192.

[16]) Jaeger S. 15 oben.

[17]) Jaeger a. a. O.; Müller-Meikel S. 579; Neumann Anm. 2 zu § 2012; Staudinger S. 246 Erl. 1 a. E.

II. Abschnitt. In einzelnen besonderen Fällen.

Vorausgeschickt sei, daß eine Darstellung der gedachten besonderen Fälle nur insoweit angezeigt erscheint, als hier Ausnahmen von den im Vorhergehenden entwickelten allgemeinen Grundsätzen für den unabhängigen Alleinerben zu beachten sind.

§ 11. Berufung einer Ehefrau zur Erbschaft.

Spezialliteratur: Krug in JheringsJ. Bd. 49 S. 121.

1. Inventarpflicht i. e. S. Ist eine Ehefrau Erbin und gehört die Erbschaft zum eingebrachten Gute oder zum Gesamtgute, so ist die Bestimmung der Inventarfrist nur wirksam, wenn sie auch dem Manne gegenüber erfolgt (§ 2008 Abs. 1 Satz 1 BGB.). Vorausgesetzt wird:

a) Berufung einer Ehefrau zur Erbschaft. Fällt die Erbschaft an die Frau, bevor sie sich verheiratet hatte, aber heiratet sie, noch ehe sie das Haftungsbeschränkungsrecht durch Fristablauf nach § 1994 Abs. 1 Satz 2 verloren hat, so muß § 2008, wie die Motive (a. a. O. S. 679) dartun, Anwendung finden, selbst dann, wenn eine Inventarfrist bereits bestimmt war.[1])

b) Die der Ehefrau angefallene Erbschaft muß zum eingebrachten Gute oder zum Gesamtgute gehören. Das ist für die Regel der Fall, wenn zwischen den Eheleuten der ordentliche gesetzliche Güterstand besteht oder Gütergemeinschaft in irgendeiner der drei möglichen Formen vereinbart worden ist (§§ 1363 Abs. 2 mit 1369 a. a. c.; §§ 1438 Abs. 1 mit 1440 Abs. 2, 1369, 1370; §§ 1521 mit 1526, 1369, 1370; §§ 1551, 1556 mit 1553 Abs. 2, 1549, 1440 Abs. 2, 1369). Dagegen bleiben der Güterstand der Gütertrennung und die Fälle außer Betracht, in denen die der Ehefrau angefallene Erbschaft ihr Vorhaltsgut wird (§§ 1368, 1440, 1526, 1549 BGB.).[2]) Ebenso die Fälle, daß die Ehefrau die Erbschaft zwar als zum eingebrachten oder Gesamtgut gehörig erwirbt, der Güterstand aber endigt, bevor das Haftungsbeschränkungsrecht verloren ist.[3]) Dagegen findet § 2008 auch dann Anwendung, wenn der Güterstand erst nach dem Anfall der Erbschaft an die Ehefrau, aber vor Verlust des Beschränkungsrechtes eingetreten ist

---

[1]) Vgl. Staudinger S. 241; Müller-Meikel S. 580; Weißler S. 347.

[2]) Entweder durch Anordnung des Testators bzw. zuwendenden Dritten oder durch vorgängigen oder bei der Eheschließung erfolgenden Ehevertrag; vgl. Planck, Komm. S. 191 Erl. 3 b; Staudinger S. 241; abw. Frommhold Erl. 1 zu § 2008.

[3]) Staudinger a. a. O. Erl. 1 a. E.

(Motive a. a. O. S. 679)[4]), allerdings mit der Maßgabe, daß die schon vor dem Eintritt des Güterstandes bestimmte Inventarfrist durch die Veränderung der Verhältnisse nicht berührt wird, so daß insbesondere der Lauf der Frist für den Ehemann nicht von neuem beginnt, ihm der Fristsetzungsbeschluß nicht nachträglich zugestellt zu werden braucht und die Inventarfrist für ihn gleichzeitig mit derjenigen seiner Ehefrau endigt (vgl. Fischer-Henle 1909 Erl. 2 zu § 2008); ebenso wenn die der Ehefrau angefallene Erbschaft erst nachträglich d. h. nach Ablauf der Frist für Vorbehaltsgut erklärt wird.[5])

Unter diesen Voraussetzungen erhebt sich die Frage: Soll für die Verbindlichkeiten der der Ehefrau angefallenen Erbschaft nur deren freies Vermögen oder auch das eingebrachte bzw. gesamte Gut beider Ehegatten verfangen sein; ferner, stehen dem Ehemanne keine gesetzlichen Mittel zu Gebote, die unbeschränkte Erbenhaftung von seiner Ehefrau und damit von deren eingebrachten oder dem Gesamtgut abzuwenden?

Gemäß § 2008 Abs. 1 Satz 1 ist die Bestimmung der Inventarfrist gegenüber der erbenden Ehefrau nur wirksam, wenn sie auch dem Manne gegenüber erfolgt. Das Inventarisierungsdekret des Nachlaßgerichts ist daher beiden Eheleuten zuzustellen (für Bayern vgl. § 88 Abs. 3 NachlO.); die Inventarfrist beginnt für jeden mit der Zustellung jenes Beschlusses an ihn (§ 1995 Abs. 1 Satz 2).[6]) Die Zustellung an den Mann erfolgt von Amts wegen auch dann, wenn der beantragende Nachlaßgläubiger die Bestimmung der Inventarfrist nur gegenüber der „Erbin" veranlaßt hatte. Aus dem Worte „auch" in § 2008 Abs. 1 Satz 1 folgt, daß die Inventarfristsetzung unwirksam ist, wenn der Beschluß des Nachlaßgerichts nur einem der Eheleute zugestellt worden ist.[7]) Es soll damit, wie Hachenburg (a. a. O.) richtig bemerkt, ausgeschlossen werden, daß die Frau hinter dem Rücken des Mannes eine überschuldete Erbschaft annehmen[8]) und durch Versäumung der ihr gesetzten Inventarfrist ihr eingebrachtes Gut oder das Gesamtgut unbeschränkt haftbar machen kann.[9]) Das Nachlaßgericht hat die den

[4]) Planck, Komm. S. 191 3 a; Krug S. 127 will zu Unrecht den Termin der Inventarfristsetzung entscheiden lassen; er kommt aber mit sich selbst in Widerspruch, wenn er einmal sagt „die Inventarfrist hat zweifellos begonnen und diese Tatsache kann durch den nachträglichen Eintritt des Güterstandes nicht unwirksam gemacht werden" und gleich darauf fortfährt „mit dem Beginne des Güterstandes kommt dem Manne ohne weiteres das Recht zu, durch Errichtung des Inventars an Stelle der Frau die Unbeschränkbarkeit abzuwenden". Was ist dies anderes, als die Möglichkeit für den Ehemann, auch dann, wenn erst nach Fristsetzung der entsprechende Güterstand eintritt, die unbeschränkte Haftung abzuwenden?

[5]) Müller-Meikel S. 580; Staudinger S. 241; Planck, Komm. S. 191 3 b.

[6]) Abw. Boehm, Erbr. S. 390, der die Frist für beide Ehegatten erst von der späteren Zustellung an beginnen lassen will; ebenso Krug S. 125.

[7]) Hachenburg S. 403.

[8]) § 1406 Ziff. 1, § 1453 Abs. 1 Satz 1 BGB.

[9]) Butzky S. 46; Endemann § 103 S. 457.

beiden Eheleuten zu bestimmende Inventarfrist von gleicher Dauer zu bemessen;[10]) sollten aus Versehen Fristen von verschiedener Dauer gesetzt worden sein, so wäre die Fristsetzung beiden Eheleuten gegenüber unwirksam (vgl. Krug S. 125).

Die Inventarfrist ist gewahrt, wenn einer der Ehegatten oder beide — gesondert oder gemeinschaftlich — rechtzeitig ein rechtsförmliches, vollständiges Inventar errichtet haben, wobei wieder gemäß § 2004 die Bezugnahme auf ein schon beim Nachlaßgericht vorhandenes vollständiges Inventar die eigene Inventarerrichtung ersetzen kann; dasselbe gilt von dem Antrage eines der Ehegatten auf amtliche Inventur.

Ist der Fristsetzungsbeschluß beiden Teilen zu verschiedenen Zeiten zugestellt worden, so endigt die Frist für beide Eheteile nicht vor Ablauf der später endigenden Frist; zugunsten der Frau ist dies in § 2008 Abs. 1 Satz 2 ausdrücklich ausgesprochen; für den Mann ergibt es sich daraus, daß die seiner Frau gesetzte Frist seinerseits gewahrt wird (§ 2008 Abs. 1 Satz 3), wenn er nach Ablauf seiner eigenen aber noch vor Beendigung der für seine Frau laufenden Frist das Inventar errichtet, wodurch dann auch er vor Schaden bewahrt wird. Da dem andern Ehegatten meist gleichzeitig durch Ersatzzustellung gemäß § 181 ZPO. zugestellt wird, so wird allerdings nur selten eine Verschiedenheit des Fristbeginns für beide Eheleute eintreten.

Die Rechte aus §§ 1995 Abs. 3 (Antrag auf Fristverlängerung), 1996 (Antrag auf Setzung einer neuen Frist) und das Recht der Beschwerde gegen die die Frau betreffenden Inventarfristmaßnahmen des Nachlaßgerichts stehen dem Manne selbständig zu (vgl. Krug S. 126).

Wird die Inventarfrist des Ehemanns gehemmt (§ 1997), so wirkt dieser Umstand auch für die Ehefrau, da sie ja immer noch bis zum Ablauf der dem Ehemann gesetzten Frist das Inventar errichten kann (e. v. v. vgl. Krug S. 124 B I).[11]) Erfüllt die Frau, die zur Errichtung des Inventars der Zustimmung ihres Mannes gemäß §§ 1406 Abs. 1, 1453 Abs. 2, 1525 mit 1406, 1549 mit 1453 Abs. 2 nicht bedarf, ihre unmittelbare Inventarpflicht entweder nicht rechtzeitig oder nicht formgerecht (§§ 2002 ff.), während diese Umstände beim Manne nicht zutreffen, so tritt nach § 2008 Abs. 1 Satz 3 die endgültig unbeschränkte Haftung der erbenden Frau nicht ein, weil dadurch mittelbar der rechtmäßig inventarisierende Mann unbillig geschädigt würde (abw. zu Unrecht Krug S. 123 Erl. 3 b, der hier mit seinen eigenen Ausführungen S. 124 B I in Widerspruch gerät). Einer Bezugnahme der Erbin auf das von ihrem Manne errichtete Nachlaßverzeichnis im Sinne von § 2004 bedarf es zur Abwendung der unbeschränkten Haftung von ihr nicht.[12]) Liegt vor Bestimmung der Inventarfrist ein freiwillig errichtetes Inventar des Mannes vor, so kann aus oben § 6 I 3 dargelegten Gründen in Verbindung mit § 2008 Abs. 1 Satz 3

---

[10]) Binder S. 226 Anm. 30.

[11]) Planck, Komm. S. 190 2 b, § 2008 Abs. 1 Satz 2.

[12]) Planck a. a. O.

der erbenden Frau eine Inventarfrist nicht mehr bestimmt werden,[13]) ohne daß aber dadurch, wie oben zu zeigen versucht wurde, die mittelbaren Inventarverpflichtungen der Erbin beeinflußt würden.

Gehört die der Frau angefallene Erbschaft zum Gesamtgut, so gilt § 2008 wegen §§ 1459 Abs. 2, 1549 auch nach der Beendigung der Gütergemeinschaft (§ 2008 Abs. 2); tritt fortgesetzte Gütergemeinschaft ein, so findet § 2008 Abs. 2 natürlich keine Anwendung.[14])

Ob die Ehefrau die ihr gesetzte Inventarfrist versäumt hat, ferner ob die Fristbestimmung überhaupt wirksam war, weil sie nicht auch dem Ehemanne gegenüber erfolgte, hat nicht der Nachlaß-, sondern der Prozeßrichter zu entscheiden (KG. 21. Februar 1907, ZBlFG. 1908 S. 59).

2. Die Inventarpflichten im weiteren Sinn.

a) Die Auskunftspflicht bei amtlicher Inventaraufnahme. In analoger Anwendung des § 2008[15]) ergibt sich, daß bei Berufung einer Ehefrau zur Erbschaft und Zugehörigkeit letzterer zum eingebrachten Gute oder zum Gesamtgute zur Erteilung der in § 2005 Abs. 1 Satz 2 im Zusammenhalte mit § 2003 geforderten Auskunft grundsätzlich die Erbin verbunden ist, daß aber der Ehemann durch rechtzeitige Auskunfterteilung imstande sein muß, den an die Verweigerung der Auskunft durch seine Frau geknüpften Rechtsnachteil zu seinen eigenen Gunsten abzuwenden.[16]) Im einzelnen dürften folgende Fälle zu trennen sein:

α) Genügt nur die erbende Ehefrau ihrer Inventurpflicht i. e. S. durch Stellung des Antrags auf amtliche Inventur gemäß § 2003 Satz 2, und bleibt der Ehemann völlig untätig, so trifft nur die Erbin die Auskunftspflicht und ihre Weigerung schadet mittelbar auch dem Manne.[17]) Zur Auskunfterteilung durch die Frau genügt aber nicht eine von ihr betätigte Verweisung des inventarisierenden Organs an den im Besitze und Verwaltung des Erbguts befindlichen Ehemann; vielmehr muß die Erbin, soweit ihre Kenntnis reicht, selbst den Nachlaßbestand berichten.[18]) Indessen bleibt zu beachten, daß eine Auskunfterteilung durch den hinsichtlich der Fristwahrung untätig verharrenden Ehemann die Auskunft durch seine Frau als nicht mehr „erforderlich" (§ 2003 Abs. 2) erscheinen läßt, und deshalb die Auskunftverweigerung der Frau unschädlich macht.[19])

---

[13]) Burhenne S. 132; Krug S. 133.

[14]) Strohal S. 214; Weißler S. 347.

[15]) Strohal S. 221 Anm. 28.

[16]) Dernburg S. 492 oben; Staudinger S. 243 b a. E.; Jaeger, Erb.-Haftg. S. 20 Abs. 4.

[17]) Ebenso Strohal S. 220 2 b; Staudinger c. l.; Planck, Komm. S. 192 β; Hachenburg S. 404.

[18]) Strohal S. 221.

[19]) Planck, Komm. S. 192; abw. Hachenburg S. 404.

β) Wahrt nur der **Ehemann** die „auch" ihm gesetzte Inventarfrist durch Antrag auf amtliche Inventur, und blieb die erbende Ehefrau völlig untätig in bezug auf die Fristwahrung, so trifft die Auskunftspflicht **nur den Ehemann**, denn nur durch seinen Antrag wird die Inventarfrist gewahrt und die Auskunft erforderlich. Doch gilt auch hier die gleiche Erwägung wie unter α a. E. Aus § 2008 Abs. 1 Satz 3 folgt nur, daß die Inventarerrichtung durch den Mann der Frau **zustatten kommt**, nicht aber, daß die mit der Inventarerrichtung zusammenhängenden Obliegenheiten und deren Verletzungsfolgen zugleich auch die Erbin treffen. Verweigert der Mann die von ihm geforderte Auskunft, so haben beide Ehegatten das Beschränkungsrecht verwirkt.[20]) Mit Recht sagt deshalb **Krug** S. 134 oben: „Um die Folge der Auskunftverweigerung herbeizuführen, ist es nicht nötig, daß auch der andere Ehegatte, der an dem Inventare nicht beteiligt ist, zur Auskunfterteilung aufgefordert und von ihm darauf die Auskunft verweigert oder verzögert ist".

γ) Wird die Inventarfrist von **beiden Eheleuten** durch Antrag auf amtliche Inventur gewahrt, so kann das Haftungsbeschränkungsrecht zum Nachteil beider nur dann verloren gehen, wenn **beide** die von ihnen geforderte Auskunft verweigert haben, wobei wiederum zu beachten ist, daß die Auskunfterteilung des einen die des andern nicht mehr „erforderlich" macht.[21])

δ) Inventarisiert einer der Ehegatten **selbst**, so trifft jedenfalls ihn keine Auskunftspflicht, damit wirkt er aber zugleich zugunsten des die Auskunft verweigernden oder verzögernden Gatten.

b) **Pflicht zu getreuer Inventur.** Entsprechend den unter a geschilderten Fällen ist auch hier zu trennen:

α) Liegt nur ein Inventar der erbenden **Ehefrau** vor, das gemäß § 2005 Abs. 1 Satz 1 unvollständig ist und blieb der Ehemann völlig untätig, so trifft der in § 2005 Abs. 1 Satz 1 angedrohte Rechtsnachteil mittelbar auch den Mann.[22])

β) Liegt nur ein Inventar des **Ehemanns** von wesentlicher Unvollständigkeit vor und verharrt die Erbin in Untätigkeit, so tritt endgültig unbeschränkte Haftung auch zu ihrem Nachteil ein. Treffend bemerkt dazu **Hachenburg** (S. 403): „Wer sich darauf verläßt, daß seine eigene Säumnis ihm nichts schade, da ja die Handlung des andern für ihn

---

[20]) **Hachenburg** S. 404; einschränkend **Krug** S. 134.
[21]) Vgl. **Hachenburg** a. a. O.
[22]) **Strohal** S. 220; **Planck**, Komm. S. 192 b β; **Krug** S. 130.

zähle, der muß die Folgen seines Verhaltens tragen."[23]) Es bleibt indessen beachtlich, daß bis zum Ablaufe der ihr bestimmten Inventarfrist die Erbin immer noch durch eigene (neue) Inventur oder Berichtigung des Inventars ihres Ehemanns den Verlust des Haftungsbeschränkungsrechts abzuwenden imstande ist.[24]).

γ Haben beide Ehegatten ein Inventar errichtet, sei es tatsächlich, sei es durch Bezugnahme nach Maßgabe des § 2004,[25]) und haftet nur einem der Inventare eine relevante Unvollständigkeit an oder befindet sich der auf das Inventar des andern Gatten sich beziehende Eheteil in gutem Glauben bezüglich der Vollständigkeit des in Bezug genommenen Inventars, so kann der in § 2005 Abs. 1 Satz 1 angedrohte Nachteil keinen der Ehegatten treffen.[26]) „Denn nur gemeinsam", sagt Hachenburg (S. 404) zutreffend, „ist der Lauf der Inventarfrist und nur gemeinsam das Verwirken des Inventarrechts durch die Fristversäumnis und daher auch durch den Dolus möglich." Unrichtig bemerkt Krug (S. 130 Abs. 2 a), im Falle unredlicher Inventur der Ehefrau vermöge der Mann durch nachträgliche Inventur innerhalb der noch laufenden Frist die Unbeschränkbarkeit nicht mehr abzuwenden. Wie denkt sich aber Krug die Anwendbarkeit des Satzes 3 in § 2008 Abs. 1 bei seiner Annahme? Sind beide Inventare mangelhaft oder ist der auf § 2004 sich stützende Ehegatte bösgläubig, so tritt endgültig unbeschränkte Haftung gemäß § 2005 Abs. 1 Satz 1 natürlich zum Nachteil beider Gatten ein.[27])

Liegt ein gemeinschaftliches Inventar beider Eheleute vor, das nur hinsichtlich des einen von ihnen als unredliches erscheint, so ist die Beschränkbarkeit gesichert, ohne Rücksicht darauf, auf wessen Seite die Unredlichkeit vorgekommen ist und ohne Unterschied, ob es sich um eine beabsichtigte Unvollständigkeit der Aktiva oder dolose Aufnahme einer nicht bestehenden Nachlaßverbindlichkeit handelt. Die von Krug S. 132 vertretene verschiedenartige Be-

---

[23]) Strohal S. 222; Weißler S. 859; Protokolle S. 806, 807; Krug S. 130.

[24]) KG. bei Johow Bd. 34 S. 92; ferner Strohal c. l.; Staudinger S. 243; vgl. insbes. Krug S. 130 unten.

[25]) Die Ehefrau bedarf dazu nicht der ehemännlichen Zustimmung, §§ 1406, 1453.

[26]) Ebenso Weißler S. 859; Staudinger S. 243; Strohal S. 222; abw. Wilke S. 81; gegen ihn treffend Strohal Anm. 28 S. 221; mit dem Texte auch: Mayer-Reis S. 226 Anm. 5.

[27]) Daß bei einer Verschiedenheit der wesentlichen Unvollständigkeit beider Inventare das eine als Ergänzung des andern anzusehen sei und demgemäß der Nachteil aus § 2005 Abs. 1 von beiden Ehegatten ferngehalten werde, wie u. a. Burhenne (S. 132 α) annimmt, dürfte trotz § 2008 Abs. 1 Satz 3 mit der Zweckbestimmung jener Vorschrift unvereinbar sein.

handlung dieser beiden Fälle unredlicher Inventur findet im Gesetz keinerlei Stütze.

c) Pflicht zur Bekräftigung der Richtigkeit des Inventars durch Offenbarungseidsleistung.

Ist eine Ehefrau Erbin und gehört die Erbschaft zum eingebrachten Gute oder zum Gesamtgute, so erhebt sich im Hinblick auf § 2008 in Verbindung mit § 2006 die Frage, welcher der beiden Gatten den Offenbarungseid bezüglich des Nachlaßinventars zu leisten hat.[28]) Die Motive (S. 681) bemerken dazu: „In Ansehung des Offenbarungseides, insbesondere darüber, welcher der Gatten den Eid zu leisten habe, ist eine Vorschrift entbehrlich. Die letztere Frage muß sich ebenso beantworten, wie in allen Fällen, in welchen es sich darum handelt, von wem in einer das Ehegut usw. betreffenden Angelegenheit der etwa erforderliche Offenbarungseid zu leisten sei." Anerkanntermaßen[29]) läßt sich aber aus dem Ehegüterrecht eine Entscheidung dieser rein erbrechtlichen Frage nicht erholen; es ist daher notwendig, zu deren Beantwortung die erbrechtlichen Vorschriften in Betracht zu ziehen. Es dürfte dabei folgendermaßen zu unterscheiden sein:

α) Hat nur die erbende Ehefrau den Nachlaß verzeichnet und blieb der Ehemann bis zum Ablauf der Inventarfrist völlig untätig, so kann natürlich gemäß § 2006 Abs. 1 („Erbe") nur von ihr die Ableistung des Offenbarungseides mit Wirkung für und gegen den Mann gefordert werden.[30])

β) Hat nur der Ehemann ein Nachlaßverzeichnis aufgestellt, und blieb die Erbin völlig untätig, so kann trotz des Wortes „Erbe" in § 2006 Abs. 1 Satz 1 im Hinblick auf § 2008 nur von ihm der Manifestationseid mit Wirkung für und gegen die Frau verlangt werden. „Denn nur er kann das, was er sagt, beschwören" (Hachenburg S. 406 oben).[31]) Bis zum Ablauf der Inventarfrist kann aber die erbende Ehe-

[28]) Könnte, wie Weißler S. 360 annimmt, immer nur die Erbin den Eid leisten müssen, so wäre das in § 2008 dem Ehemanne gewährleistete Recht zum mindesten von sehr zweifelhafter praktischer Bedeutung. Man setze den Fall, daß der Mann, nachdem seine erbende Frau aus irgendeinem Grunde die Inventarfrist zu wahren keinen Anlaß nahm, zur Abwendung unbeschränkter Haftung des eingebrachten oder Gesamtgutes selbst inventarisierte, was nach S. 3 des § 2008 auch seiner Frau zu statten kommt, und diese wäre auch nicht geneigt, den Manifestationseid zu leisten, was würde dann bei Weißlers Annahme § 2008 dem Ehemanne helfen?

[29]) Vgl. Hachenburg S. 405.

[30]) Bestritten nur von: Planck, Komm. S. 193 α; im übrigen vgl.: Strohal S. 225; Hachenburg S. 406; Dernburg, D. b. R. S. 490 VI a. E.; Jaeger, Erb.-Haftg. S. 20; Krug S. 136.

[31]) Ebenso: Frommhold § 2008 Erl. 2; Böhm, Erbr. S. 392; Staudinger S. 242 3 a; Strohal S. 225 7 b; Planck, Komm. S. 193 c β; abw. Dernburg, D. b. R. S. 490 VI a. E. u. S. 492 Anm. 4; Kuhlenbeck Anm. 4 zu § 2008. Man beachte die Eidesnorm in § 2006 Abs. 1!

frau durch Bezugnahme auf das Inventar ihres Mannes oder durch eigene Inventur und Bereitschaft zur Eidesleistung oder auch ohne sie, wenn der Eid von ihr gar nicht gefordert wurde, die Nachteile aus dem Verhalten ihres Mannes abwenden.

γ) Liegen bei Ablauf der Inventarfrist Inventare beider Ehegatten vor oder hat der eine gemäß § 2004 auf das Inventar des andern Bezug genommen, so tritt der Rechtsnachteil aus § 2006 Abs. 3 Satz 1 zuungunsten auch nur eines der Ehegatten nur dann ein, wenn der Offenbarungseid von beiden Eheleuten verweigert oder der Eidestermin zweimal schuldhaft versäumt worden ist. Ist auch nur von einem Ehegatten der Eid geleistet oder nicht gefordert worden, so kann der Nachteil aus § 2006 Abs. 3 Satz 1 nicht eintreten, weil die beiden Ehegatten hinsichtlich dieses Punktes notwendigerweise in der gleichen Rechtslage sich befinden müssen, wenn anders einerseits ein Nachlaßgläubiger sich vor die unlösbare Schwierigkeit gesetzt sehen würde, im Verhältnis zu einem der Ehegatten das eingebrachte oder gesamte Ehegut angreifen zu dürfen, zum andern dagegen nicht, andererseits ein böswilliger Ehegatte jederzeit die Wirkungen vorsorglicher Inventur und Eidesleistung durch den andern Ehegatten vereiteln könnte.[32])

3. Recht des Ehemanns zur Inventarerrichtung.

Um den in § 2008 dem Ehemann der Erbin eingeräumten Schutz zur vollen Geltung bringen zu können, muß auch ersterem die in § 1993 der Erbin gewährte Befugnis zur Inventarerrichtung mit den im § 6 I dieser Darstellung entwickelten Wirkungen zugestanden werden.[33]) Freilich ist das „Inventarrecht" des Ehemannes kein selbständiges, so daß ein Antrag auf Fristsetzung gegen ihn unzulässig ist, wenn die Ehefrau bereits formgerecht inventarisiert hat oder gemäß § 2063 ein Inventar eines Miterben ihr zustatten kommt (KG. 21. Februar 1907 in ZBlFG. 1908 S. 59).

Faßt man das Gesagte zusammen, so ergibt sich, daß die Haftung für die Nachlaßverbindlichkeiten für beide Ehegatten nur eine gleichartige sein kann.

§ 12. Berufung des Erben zu mehreren Erbteilen.

Spezialliteratur: Riese, Arch. f. bürgerl. Recht Bd. 30 S. 197 ff.; Paech, Die Haftung für die Nachlaßverbindlichkeiten bei Vereinigung mehrerer Erbteile in einer Hand (Greifsw. Diss., Königsberg 1906); lehrreich sind insbesondere die Beispiele bei Köhne-Feist a. a. O. S. 276 ff.

1. § 2007 Satz 1 bestimmt: Ist ein Erbe zu mehreren Erbteilen berufen, so bestimmt sich seine Haftung für die Nachlaß-

[32]) Ebenso: Böhm, Erbr. S. 391; Jaeger S. 20; Planck, Komm. S. 193 c γ; Strohal S. 226 O; Hachenburg S. 405; Krug S. 138; a. A. Dernburg, D. b. R. S. 492 Anm. 4.

[33]) Planck, Komm. S. 191 Erl. 2 c.

verbindlichkeiten in Ansehung eines jeden der Erbteile so, als wenn die Erbteile verschiedenen Erben gehörten." Daraus folgt:

a) Voraussetzung: Berufung eines Erben zu mehreren Erbteilen, nicht einer Mehrheit von Erben.[1]) Ueber die Fälle mehrfacher Berufung vgl. Planck (Komm. Erl. 1 zu § 2007) und Binder (S. 236 ff.). Im übrigen vgl. §§ 1927, 1934, 1951 und Riese §§ 1 und 3, der vollkommen zutreffend eine Berufung zu mehreren Erbteilen auch auf Grund eines Berufungsgrundes bei einer Mehrheit von Berufungstatbeständen für möglich hält und auch diesen Fall dem § 2007 unterwirft. Man setze z. B. den Fall, daß der Erblasser in seinem ersten Testamente nur über die Hälfte seines Nachlasses verfügt und hierauf den A eingesetzt hat, während für die andere Nachlaßhälfte gesetzliche Erbfolge eintreten sollte. Später errichtete derselbe Erblasser ein zweites „Nachtrag"testament, in dem er bestimmt, daß A von der andern, ihm nicht schon im ersten Testament zugewandten Nachlaßhälfte nochmals die Hälfte erhalten solle; dann ist A aus einem Berufungsgrund (Testament) auf Grund mehrerer testamentarischer Akte zu mehreren Erbteilen (1/2 und 1/4 des Nachlasses) berufen.

Auch dann, wenn durch den Anfall weiterer Erbteile der bisherige Miterbe Alleinerbe geworden ist, muß § 2007 anwendbar sein, da das Gegenteil weder dem Wortlaut noch dem Zweck dieser Bestimmung zu entnehmen ist.

b) Wirkung: Die Haftung des mehrfach Erbenden für die Nachlaßverbindlichkeiten bestimmt sich bezüglich eines jeden der Erbteile so, als ob sie verschiedenen Erben angefallen wären. Der Wortlaut des Gesetzes kann leicht zu dem Irrtum verleiten, daß hier die Haftungsvorschriften, welche bei Vorhandensein einer Erbenmehrheit gelten, Anwendung finden sollen.[2]) Die Materialien des Gesetzes rechtfertigen aber, wie Binder[3]) zutreffend ausführt, die Annahme, jene Vorschrift sage nur, daß der Erbe bei gegebener Voraussetzung möglicherweise hinsichtlich des einen Erbteils endgültig unbeschränkt, bezüglich des andern aber beschränkbar bzw. beschränkt haften könne, je nachdem rücksichtlich des einen oder des andern Erbteils das Haftungsbeschränkungsrecht gewahrt oder verwirkt worden sei.[4]) Trotz dieses zweifellos zutreffenden Schlusses gelangt Binder (S. 239) zu dem Ergebnis, § 2007 sei bedeutungslos, er

---

[1]) Binder S. 235; Planck, Komm. S. 188.

[2]) Irrig: Burhenne S. 129; Kreß S. 197.

[3]) S. 235; a. A. Knitschky, Erbschaft und Erbteil im ArchZivPrax. Bd. 91 S. 301 vor e.

[4]) Vgl. Wendt S. 432; Planck, Komm. S. 188 Erl. 2; abw. Kreß S. 197.

enthalte eine unmögliche Vorschrift; denn „da der Erbe nicht mit einem Erbteil unbeschränkt haftet, sondern mit seinem Eigenvermögen, so kann er nicht teils beschränkt, teils unbeschränkt haften".[5]) Dem steht aber entgegen, daß es sehr wohl denkbar und auch rechtlich (§ 2059 Abs. 1 Satz 2) möglich ist, daß jemand, der z. B. zu $^1/_3$ unbeschränkt haftender Erbe geworden ist, den seines Haftungsbeschränkungsrechtes noch teilhaftigen $^2/_3$ Teilerben beerbt; dann haftet er nur hinsichtlich $^1/_3$ sämtlicher Nachlaßverbindlichkeiten auch mit seinem Eigenvermögen, hinsichtlich $^2/_3$ derselben aber steht ihm das Haftungsbeschränkungsrecht immer noch zu.[6]) Es wäre doch in einem solchen Falle eine große Härte, wollte man den Erben, wenn er als $^1/_3$ Anteilserbe den geforderten Offenbarungseid einem Gläubiger verweigert (§ 2006 Abs. 3 Satz 1), dem eine Forderung zu 3000 *M* an den Nachlaß zusteht, für den ganzen Betrag von 3000 *M* auch mit seinem eigenen Vermögen haften lassen; denn er würde sich wohl die Eidesweigerung noch einmal überlegt haben, wenn er damit hätte rechnen müssen und können, daß er wegen dieses Verhaltens bei späterem letztwilligen Erwerb des restigen $^2/_3$ Anteils für die ganze Forderung von 3000 *M* persönlich haften muß. Er haftet vielmehr zwar unbeschränkt, aber nur im Verhältnis des seinem früheren Erbteil entsprechenden Teiles der Verbindlichkeit.

Aus dem Gesagten ergibt sich, daß der zu mehreren Erbteilen Berufene sein Haftungsbeschränkungsrecht hinsichtlich **sämtlicher** Erbteile erst dann verwirkt hat, wenn der Verwirkungsgrund nach Anfall sämtlicher Erbteile eingetreten ist, daß aber das Beschränkungsrecht hinsichtlich der erst später anfallenden Erbanteile vorerst erhalten bleibt.[7]) Demgemäß kann dem Erben eine Inventarfrist hinsichtlich eines jeden Erbteils gesondert bestimmt werden,[8]) wobei allerdings das Inventar, um ein solches zu sein (§ 2001), notwendig den gesamten Nachlaß betreffen muß.[9]) Verletzt der Erbe die unmittelbare oder mittelbaren Inventarverpflichtungen, so haftet er zu den ihm **bis dahin** angefallenen und von ihm angenommenen (Riese S. 206 unten, § 1995 Abs. 2 BGB.) Erb**anteilen** sämtlichen (§§ 1994 Abs. 1 Satz 2, 2005 Abs. 1) bzw. einzelnen (§ 2006 Abs. 3 Satz 1). Nachlaß-

---

[5]) Aehnlich wie Binder: Wendt S. 432, 433, gegen ihn zutreffend Riese S. 210 a. E.; Boehm bei Gruchot S. 707.

[6]) Vgl. das Beispiel Strohals S. 361; Riese S. 208 oben.

[7]) Kreß S. 199; Strohal S. 359 Anm. 1a; Binder S. 238 oben; Knitschky S. 298; Jaeger, Erb.-Haftg. S. 244.

[8]) Staudinger S. 239 Erl. 2; Kipp S. 475 oben.

[9]) Binder S. 328; Meyer-Reis S. 239 Anm. 2, S. 236; Riese S. 207 oben.

gläubigern endgültig unbeschränkt.[10]) Auf den Zeitpunkt der Inventarfristsetzung kommt es nicht an. Nach dem oben § 6 I 3 Ausgeführten kann § 2007 auch bei freiwilliger Inventarerrichtung hinsichtlich jedes der mehreren Erbteile für sich praktisch werden, wenn später ein Antrag auf Fristbestimmung gestellt und mit Rücksicht auf das freiwillige Inventar vom Nachlaßgericht abgelehnt wird. Es ist aber zu beachten, daß ein Erbe, der nach Anfall des einen Erbteils seiner Inventarpflicht i. e. S. genügt hat, nach Anfall weiterer Erbteile und erneuter Inventarfristsetzung auf das von ihm schon eingereichte Inventar nach Maßgabe von § 2004 Bezug nehmen kann.[11]) Folgerichtig müßte der zu mehreren Erbteilen berufene Erbe, der nach Anfall des einen Erbteils den von einem Nachlaßgläubiger geforderten Offenbarungseid abgeleistet hat, nach Anfall weiterer Erbteile dem von demselben oder einem andern Nachlaßgläubiger verlangten Offenbarungseid wiederholen; doch dürfte einem derartigen Ansinnen § 226 BGB. entgegengesetzt werden können, weil der Erbe bereits durch die erste Eidesleistung die Richtigkeit des von ihm errichteten Inventars erhärtet hat.[12]) Anders liegt die Sache allerdings, wenn der Erbe ursprünglich den Eid verweigerte. Denn dann haftet er bis zur Teilung des Nachlasses dem Nachlaßgläubiger gegenüber nur **anteilig** unbeschränkt und dieser ist daran interessiert, gegebenen Falles durch abermalige Eidesweigerung des Erben dessen unbeschränkte Haftung auf sämtliche ihm angefallenen Erbteile zu erweitern.

Bezüglich der Anwendung des § 2007 auf § 2013 vgl. Niese § 10 gegen Knitschky S. 299. § 2013 Abs. 2 findet auch Anwendung, wenn der Erbe einzelnen Nachlaßgläubigern nur im Verhältnis zu dem ihm bisher angefallenen Erbteil endgültig unbeschränkt haftet; Abs. 1 a. a. O. gilt auch bei nur anteiliger unbeschränkter Haftung gegenüber allen Nachlaßgläubigern.

Als inneren Grund für die Vorschrift des § 2007 nennt Endemann[13]) mit Recht den Umstand, daß es eine Unbilligkeit wäre, den Erben, der hinsichtlich des einen vielleicht geringen Erbteils die endgültig unbeschränkte Haftung auf sich nahm, ebenso ohne weiteres auch in bezug auf die weiteren Erbteile haften zu lassen.

Sind die mehreren Erbteile gleichzeitig erworben und angenommen worden, so kann sich natürlich eine Verschiedenheit der Haftung rücksichtlich der mehreren Erbteile nicht ergeben, weil die Gründe der

---

[10]) Ebenso Strohal S. 360; Knitschky S. 297 mit der unbegründeten Beschränkung auf § 1994; gegen ihn mit Recht Niese S. 210 oben; abw. Wilke, Komm. S. 79, 80; zustimmend auch Singer S. 235; Müller-Meikel S. 575.

[11]) Wegen der völlig gesonderten Behandlung der mehreren Erbteile beugt eine einmalige ordnungsgemäße Inventur dem Verlust des Beschränkungsrechts durch Versäumung der nach Anfall und Annahme eines weiteren Erbteils gesetzten Frist nicht vor; § 2063 Abs. 1 greift nur dann ein, wenn außer dem mehrfach Berufenen noch andere Miterben vorhanden sind. Abw. Staudinger S. 240 oben.

[12]) Der später abzuleistende Offenbarungseid könnte übrigens doch nur denselben Inhalt haben wie der bereits geleistete. § 2006 Abs. 4 trifft aber hier nicht zu, wenigstens nicht rücksichtlich der weiteren Erbteile. Dies übersieht Niese S. 211.

[13]) S. 456 Anm. 9.

Verwirkung des Haftungsbeschränkungsrechts gleichheitlich sämtliche Erbteile ergreifen.[14])

2. In den Fällen der Anwachsung (§§ 2094, 2095) und der Erhöhung des gesetzlichen Erbteils. (§ 1935; nicht aber bei rechtsgeschäftlichem Erwerb eines weiteren Erbteils, da bezüglich dieses keine Erbberufung stattgefunden hat; a. A. Riese S. 238) bestimmt sich die Erbenhaftung in Ansehung des ursprünglichen und des anwachsenden oder erhöhten Teiles, soferne sie nicht verschieden belastet sind, gleichheitlich, weil beide zusammen als ein Erbteil zu behandeln sind.[15]) Sind ursprünglicher Erbteil und Erweiterung **ungleich belastet**, so bestimmt sich gemäß § 2007 Satz 2 die Erbenhaftung in Ansehung eines jeden der Teile so, wie wenn sie verschiedenen Erben gehörten.[16]) In diesem Falle finden die unter 1 entwickelten Grundsätze entsprechende Anwendung.

Als „Beschwerungen" kommen nur Vermächtnisse und Auflagen, nicht Pflichtteilslasten, Ausgleichungs- und durch Teilungsanordnungen auferlegte Pflichten in Frage (vgl. Riese S. 203 und die dort in Anm. 12 angeführte Literatur). Ist nur ein Erbteil derart beschwert, so kann je nachdem hinsichtlich des ursprünglichen, des anwachsenden oder erhöhenden Erbteils die endgültig unbeschränkte Haftung durch Verletzung der Inventarpflichten allen oder nur einzelnen Nachlaßgläubigern gegenüber eintreten, während es bezüglich des andern Erbteils bei der bisherigen Rechtslage verbleibt. Wird eine verschiedenartige Behandlung beider Erbteile erforderlich, so sind folgende drei Fälle möglich:

a) Der Erbe haftet zu allen seinen Anteilen am Nachlaß allen oder einzelnen Nachlaßgläubigern gegenüber endgültig unbeschränkt, also auch mit seinem bisherigen Vermögen;
b) Seine Haftung ist zu allen Anteilen noch beschränkbar oder sogar bereits beschränkt, dann haftet er später oder jetzt schon nur mit dem Nachlaß;
c) Er haftet nur zu dem einen Anteil auch mit seinem Eigenvermögen, zu dem anderen nur mit dem Nachlaß, sei es allen oder nur gewissen Nachlaßgläubigern gegenüber.

§ 13. Vorhandensein einer Erbenmehrheit.

Schon in anderem Zusammenhang wurde erwähnt, daß die Erbenhaftung bei Vorhandensein einer Erbenmehrheit in Anlehnung an die Vorschriften für die Haftung des Alleinerben allerdings mit manchen, teilweise einschneidenden Abweichungen geregelt wurde, und daß als

---

[14]) Vgl. Weißler S. 375; Wendt S. 433.
[15]) Strohal S. 359, Binder S. 236; Weißler S. 375; Staudinger S. 239; Riese S. 204.
[16]) Strohal S. 362; Binder S. 236; Planck, Komm. S. 189 Erl. 3.

Haftungsprinzip hier wie dort die vorläufig unbeschränkte, aber beschränkbare Erbenhaftung zu gelten hat.[1])

Demgemäß kann auch der Miterbe durch Versäumung der unmittelbaren oder mittelbaren Inventarverpflichtungen sein Haftungsbeschränkungsrecht verlieren, wie überhaupt sämtliche hinsichtlich der Inventarerrichtung für den Alleinerben geltenden Vorschriften der §§ 1993—2013 auf eine Mehrheit von Erben insoweit Anwendung finden, als nicht in den §§ 2058—2063 Abweichungen vorgesehen sind oder sich aus der Natur des Miterbenverhältnisses ergeben.

Bei jeder Erbenmehrheit treten zwei Fragen von grundlegender Bedeutung hervor:

a) Haften die Miterben für die Nachlaßschulden gesamtschuldnerisch oder anteilig im Verhältnis ihrer Erbquoten? M. a. W.: Wofür haften sie?

b) Haften die Miterben für die Nachlaßschulden nur mit ihrem Anteil am Nachlaß d. h. beschränkt oder unbeschränkt auch mit ihrem Eigenvermögen.[2]) M. a. W.: Womit haften sie?

ad a) Diese Frage bleibt für unser Thema außer Betracht, weil die Tatsachen, von denen ihre Beantwortung abhängt, von der in dieser Darstellung zu behandelnden Inventarerrichtung und allem, was damit zusammenhängt, grundsätzlich losgelöst sind (§§ 2058, 2060, 2061).[3])

ad b) Grundsätzlich haftet nach der herrschenden Meinung, wie erwähnt, der Miterbe in gleicher Weise wie der Alleinerbe vorläufig unbeschränkt. Er kann die beschränkte Haftung durch dieselben Mittel wie jener, allerdings unter anderen Modalitäten (§ 2062!) erwerben und verliert die Beschränkungsmöglichkeit wie jener durch Verletzung der Inventarverpflichtungen.[4])

Hinsichtlich letzterer ist aber § 2063 beachtlich, wonach:

1. die Errichtung eines Inventars durch einen Miterben auch den übrigen Erben zu statten kommt, soweit nicht ihre Haftung für die Nachlaßverbindlichkeiten unbeschränkt ist (§ 2063 Abs. 1). Der Antrag eines Miterben auf amtliche Aufnahme des Inventars wahrt die Inventarfrist für alle Miterben (§ 2003 I Satz 2 BGB., KG. 19. März 1905 in ZBlFG. 5. Jahrg. S. 797). Vorausgesetzt ist dabei natürlich, daß ein formgerechtes und getreues Inventar in Frage steht. (Kreß S. 144). Die Inventarfrist kann, braucht aber nicht allen Miterben gemein-

---

[1]) Vgl. Dernburg, D. b. R. S. 529 II; Strohal S. 333 IV; Kreß S. 141 oben. A. A. Binder S. 101; Hachenburg S. 702.

[2]) Strohal S. 333 II; Dernburg, D. b. R. S. 529 I.

[3]) Vgl. Hachenburg S. 706, 710, Protok. V S. 875.

[4]) Strohal S. 333; Hachenburg S. 708; Boehm bei Gruchot S. 693; Jaeger, Erb.-Haftg. S. 23; Eccius S. 803, § 2059 Abs. 1 Satz 2.

schaftlich bestimmt zu werden[5]); wenn demgemäß nur der eine oder andere Miterbe sein Haftungsbeschränkungsrecht durch Fristversäumung eingebüßt hat, so kommt das von einem andern Miterben später errichtete Inventar jenem säumigen Miterben nicht mehr zu statten.[6]) Selbstverständlich kann auch jeder einzelne Miterbe ohne Rücksicht auf die andern freiwillig den Nachlaß verzeichnen und muß das Inventar jedes Miterben den ganzen Nachlaßbestand aufweisen.[7]) Die Inventarfrist kann für die mehreren Erben mit verschiedener Dauer bestimmt werden und beginnt für jeden mit der Zustellung des Inventarisierungsdekrets an ihn.[8]) Stirbt ein Miterbe vor dem Ablauf der Inventarfrist oder der in § 1996 Abs. 2 bestimmten Frist von zwei Wochen und wird er selbst wieder von mehreren Personen beerbt, so endigt seine Frist für jeden seiner Erbesmiterben nicht vor dem Ablauf der diesem laufenden Ausschlagungsfrist (§ 1998).[9]) Befindet sich ein Miterbe im Besitze des Nachlasses, so kann ein anderer Miterbe für sich allein amtliche Inventur verlangen (§ 2003),[10]) denn das Recht auf Aufnahme oder Herbeiführung eines Nachlaßinventars auf Grund des § 2003 steht auch dem einzelnen Miterben zu, da es nur eine Ergänzung des Rechtes zur Inventarerrichtung ist (KG. v. 13. Dezember 1906, ZBlFG. 1907 S. 836). Stellt ein Nachlaßgläubiger schlechthin Antrag auf Inventarfristsetzung, so kann natürlich das Nachlaßgericht die Frist nur sämtlichen Erben bestimmen.[11]) Das von einem Miterben eingereichte Inventar wahrt aber die Frist zugunsten aller, denn dem die Inventur verlangenden Nachlaßgläubiger ist durch die einmalige getreue Inventarisierung genügend gedient. Die Inventarfrist kann auch erst nach Aufteilung des Nachlasses bestimmt werden;[12]) das zu errichtende Inventar muß dann sämtliche Nachlaßbestände enthalten, auch die an die übrigen Miterben gekommenen. Die von Dernburg[13]) verneinte Frage: Kommt ein von einem Miterben verspätet gelegtes Inventar seinen Miterben zugute, wenn diesen eine Frist noch nicht bestimmt oder wenn sie noch nicht abgelaufen war? möchte ich mit Rücksicht auf § 2063 Abs. 1 „auch", der entweder ein freiwilliges oder rechtzeitiges Inventar zum Zwecke der Fristwahrung voraussetzt, im gleichen Sinne entscheiden.

[5]) RJA. Bd. III S. 176; DJZ. 1904 S. 78; SeuffBl. Bd. 69 S. 102; Weißler S. 347; Dernburg, D. b. R. S. 529.

[6]) ObLG. v. 11. Oktober 1902; Müller-Meikel S. 584.

[7]) Jaeger, Erb.-Haftg. S. 23; Kreß S. 143 Anm. 4.

[8]) Staudinger S. 223 unten; Planck, Komm. Erl. 2 zu § 2063; KG. v. 13. Dezember 1906, OLGRspr. 14 S. 293.

[9]) Vgl. Frommhold Anm. zu § 1998; Burhenne S. 106.

[10]) KG. v. 23. Juli 1902, 19. März 1905, OLGRspr. 5 S. 342, 10 S. 296; abw. Dernburg, D. b. R. S. 489 Anm. 9.

[11]) Eck, Vorträge S. 80.

[12]) Boehm bei Gruchot S. 695; Planck, Komm. Erl. 1 a zu § 2063. § 2060 spricht nur davon, wofür, nicht aber auch womit, nach Aufteilung gehaftet wird (Staudinger S. 342 Anm. 1).

[13]) D. b. R. S. 486 Anm. 4.

Ist das von einem Miterben errichtete Inventar gemäß § 2005 Abs. 1 fehlerhaft, so wirkt es nicht zugunsten der übrigen Miterben, auch wenn sie gutgläubig[14]) die Wohltat des § 2063 Abs. 1 für sich in Anspruch nehmen, denn es kommt ein solches Inventar dem Urheber selbst nicht zu statten; für den gutgläubigen Miterben gilt aber § 2005 Abs. 2. Die Leistung des Offenbarungseids gemäß § 2006 kann sowohl von dem inventarisierenden als von den übrigen Miterben gefordert werden;[15]) verweigert ihn ersterer, so schadet er nur sich, jeden andern Miterben trifft die Rechtsfolge aus § 2006 Abs. 3 Satz 1 nur, wenn von ihm der Eid verlangt und verweigert worden ist.[16]) Beeidet ein Miterbe das von einem andern Miterben errichtete Inventar, so liegt darin die stillschweigende Erklärung des ersteren gegenüber dem Nachlaßgericht, daß das Inventar auch als von ihm eingereicht gelten solle, vorausgesetzt natürlich, daß für den sich auf das Inventar seines Miterben Berufenden die Inventarfrist noch nicht abgelaufen ist. OLG. Dresden v. 21. Juni 1905, ZBlFG. VI S. 414.

2. Vereinigt ein Miterbe mehrere Erbteile in seiner Hand, so tritt die unbeschränkte Haftung für jeden Erbteil gesondert durch Verletzung der Inventarpflichten ein, es sei denn, daß zu jener Zeit bereits sämtliche Erbteile angefallen und angenommen waren (vgl. Riese a. a. O. S. 220 ff.).

Die §§ 2058—2063 werden aber in folgender Weise praktisch:

a) Grundsätzlich haften die Miterben für die gemeinschaftlichen Nachlaßverbindlichkeiten als Gesamtschuldner (§ 2058). Hier kommt selbstverständlich eine mehrfache Berufung eines Miterben nicht weiter in Betracht, weil er für die Nachlaßschulden solidarisch haftet.

b) Vor Teilung des Nachlasses kann jeder Miterbe die Berichtigung der Nachlaßverbindlichkeiten aus seinem Eigenvermögen verweigern. Haftet er für eine Nachlaßverbindlichkeit unbeschränkt, so steht ihm dieses Recht in Ansehung des seinem Erbteil entsprechenden Teiles der Verbindlichkeit nicht zu (§ 2059 Abs. 1). Ist unbeschränkte Haftung nur hinsichtlich eines der mehreren Erbteile eingetreten, so steht dem Miterben die fragliche Einrede nur pro rata desjenigen Erbteils nicht zu, hinsichtlich dessen das Haftungsbeschränkungsrecht verwirkt ist (vgl. das gut gewählte Beispiel bei Riese S. 220 unten). § 2059 Abs. 2 ist hier belanglos.

c) Nach Teilung des Nachlasses haftet jeder Miterbe nur für den seinem Erbteil entsprechenden Teil einer Nachlaßverbindlichkeit:
   aa) in einem der in § 2060 Ziff. 1—3 erwähnten Fälle;
   bb) im Falle des § 2061.

---

[14]) In bezug auf das fremde mangelhafte Inventar; abw. Wendt S. 434.

[15]) Von letzteren aber nur, wenn sie das fremde Inventar zu ihrem eigenen nach § 2063 Abs. 1 machen wollen. Abw. Kreß S. 144.

[16]) Kreß a. a. O.; Frommhold S. 63; Boehm bei Gruchot S. 695; Staudinger S. 347 oben.

Innerhalb der Schranken anteiliger Haftung bleiben die allgemeinen Grundsätze in Kraft (Staudinger S. 342 Erl. 1 Abs. 2). Treffen jene Voraussetzungen in aa und bb nicht zu, so haftet jeder Miterbe für die ganze Forderung als Gesamtschuldner, dann kommt eine mehrfache Berufung eines Miterben nicht in Betracht. Anders wenn jene Fälle gegeben sind, dann haftet der mehrfach Berufene u. U. nur pro rata des einen Erbteils unbeschränkt, pro rata des andern noch beschränkbar oder beschränkt mit seinem Anteil am Nachlaß.

Im übrigen vgl. Kreß S. 145 ff. über die Einzelanwendungen der allgemeinen Vorschriften über die Inventarerrichtung auf eine Mehrheit von Erben.

3. Ein Miterbe kann sich den übrigen Erben gegenüber auf die Beschränkung seiner Haftung auch dann berufen, wenn er den andern Nachlaßgläubigern gegenüber unbeschränkt haftet (§ 2063 Abs. 2). M. a. W.: Unter Miterben soll stets beschränkte Haftung gelten.[17]) Die ratio legis ist: da jeder Miterbe den Nachlaß verzeichnen kann, ist er nicht auf das Inventar eines andern Miterben angewiesen und soll deshalb keinen Vorteil daraus schlagen können, daß dieser andere Miterbe seinen Inventarverpflichtungen nicht gesetzmäßig genügt hat.[18]) Die Vorschrift des Abs. 2 des § 2063 setzt voraus, daß mindestens ein Miterbe zugleich Nachlaßgläubiger ist, und bestimmt eine einschränkende Ausnahme von den regelmäßigen Wirkungen der Verfehlungen des Erben gegen die Inventarobliegenheiten;[19]) allerdings muß auch der Miterbe dem gläuberischen Miterben die Beschränkungseinrede entgegenhalten.[20]) Zu eng legt Cosack (S. 750 1 c) § 2063 Abs. 2 dahin aus, daß ein Miterbe, der zugleich Nachlaßgläubiger ist, die endgültig unbeschränkte Haftung anderer Miterben zwar dann nicht zu seinen Gunsten in Anspruch nehmen könne, wenn ihr Haftungsbeschränkungsrecht gegenüber allen Nachlaßgläubigern verwirkt worden sei, wohl aber dann, wenn dieser Umstand gerade ihm gegenüber zutreffe.[21]) Das BGB. gibt dafür jedenfalls keinen Anhalt und es ist auch kein rechtspolitischer Grund für eine derartige einschränkende Auslegung ersichtlich. Die Protokolle V S. 805 sprechen das Prinzip klar aus, daß Miterben einander niemals unbeschränkt haften.

Der unbeschränkt haftende Miterbe kann im Gegensatz zu § 991 Abs. 1 ZPO. immer noch die Erlassung des Aufgebots der Nachlaßgläubiger beantragen, allerdings nur mit der Androhung und Wirkung,

---

[17]) Jaeger, Erb.-Haftg. S. 23; abw. Planck, Komm. S. 334; Eccius S. 630. Mit dem Texte auch: Wendt S. 431.

[18]) Boehm bei Gruchot S. 697; Jaeger a. a. O.

[19]) §§ 1994 Abs. 1 Satz 2; 2005 Abs. 1; 2006 Abs. 3 Satz 1.

[20]) Staudinger S. 347 Erl. 2 a. E.

[21]) Vgl. Jaeger, Erb.-Haftg. S. 23; Staudinger c. l.; Cosack scheint irrtümlich das Hautgewicht auf das Wort „anderen" zu legen; dieses will jedoch nur den Gegensatz zwischen Nachlaßgläubigern und Miterbengläubigern ausdrücken.

daß den nicht anmeldenden Nachlaßgläubigern jeder Miterbe nach der Teilung des Nachlasses nur anteilig haftet (nicht aber beschränkt § 1973!) (§ 997 Abs. 2 ZPO.).

§ 14. Einsetzung eines Nacherben.

1. Inhalt des Nachlaßinventars eines Nacherben. Der in § 2001 umschriebene regelmäßige Inhalt eines Inventars wird im Falle einer Nacherbfolge durch die Vorschrift des § 2144 Abs. 1 Satz 2 dahin geändert, daß an die Stelle des Nachlasses in § 2001 dasjenige tritt, was der Nacherbe aus der Erbschaft erlangt, mit Einschluß der ihm gegen den Vorerben als solchen zustehenden Ansprüche. Maßgebend für den Inhalt des von einem Nacherben zu errichtenden Inventars ist demgemäß nicht der Zeitpunkt des Erbfalls, sondern der des Falles der Nacherbfolge.[1]) Die besonders von Strohal vertretene abweichende Meinung beruht auf folgenden Erwägungen:

a) § 2144 Abs. 1 Satz 2 beziehe sich nur darauf, womit der beschränkt haftende Nacherbe zu haften habe, nicht aber auf den Inhalt eines vom Nacherben aufzunehmenden Inventars. Dem ist aber zu entgegnen: die Bemessung des Umfangs der beschränkten Haftung gründet sich doch gerade auf das vom Nacherben errichtete Inventar; müßte dieses die Nachlaßgegenstände nach dem Stande zur Zeit des Erbfalls angeben, so wäre kein sicherer Anhalt dafür vorhanden, was von den Nachlaßbeständen auf den Nacherben gekommen und womit dieser den Nachlaßgläubigern haftbar ist.[2])

b) § 2144 Abs. 2: „Das von dem Vorerben errichtete Inventar kommt auch dem Nacherben zu statten" könne nur darauf beruhen, daß auch das Nacherbeninventar immer den durch § 2001 bestimmten Inhalt habe, andernfalls könne nicht das Inventar des Vorerben dem Nacherben die Inventur ersparen.[3]) Gegen diese Auffassung sprechen aber die Motive (Erl. zu § 1836 Abs. 2 Entw. I, der sachlich mit § 2144 Abs. 2 BGB. völlig übereinstimmt): „Diese Vorschrift erscheint deshalb gerechtfertigt, weil sie zur Vereinfachung dient, ohne daß den Nachlaßgläubigern Abbruch geschieht: denn

---

[1]) Ebenso: Der Herausgeber des Planckschen Komm. S. 479 unten, im Gegensatz zum Bearbeiter jener Materie (d. i. Strohal) vgl. S. 480 unten; Mathiaß Bd. II S. 579; Müller-Meikel S. 582; Frommhold S. 155; Boehm, Erbr. S. 397; Küntzel S. 836, 837; Wilke, Komm. S. 163; Staudinger S. 438; Jaeger, Erb.-Haftg. S 28 Anm. 2; Weißler S. 352; abw. nur noch Strohal S. 316, 317 Anm. 2 und Binder S. 212, welche auf das vom Nacherben zu errichtende Inventar § 2001 in unveränderter Form angewendet wissen, mithin den Zeitpunkt des Erbfalls auch hier maßgebend sein lassen wollen.

[2]) Man berücksichtige insbesondere den Fall der Nacherbeneinsetzung auf den Rest. § 2137 Abs. 1.

[3]) Diesen Beweisgrund erachtet auch Binder a. a. O. für ausschlaggebend.

wenn auch die Haftung des Nacherben nicht die gleiche ist, wie die des Vorerben, so wird doch den Nachlaßgläubigern nicht zu nahe getreten, wenn davon ausgegangen wird, daß bis zum Beweis des Gegenteils die Haftung des Nacherben nicht weiter reicht, als sie sich aus dem vom Vorerben errichteten Inventar ergibt." § 2001 bestimmt den weiteren, § 2144 Abs. 1 Satz 2 den engeren Inhalt des Nachlaßinventars, daher Abs. 2 des letzteren Paragraphen.

c) Treffe für das Inventar des Vorerben, das gemäß § 2144 Abs. 2 wirkt, die Voraussetzung des § 2005 Abs. 2 zu, so bestimme sich der Inhalt des vom Nacherben zu ergänzenden Inventars des Vorerben nach den Verhältnissen zur Zeit des Erbfalls; allein es handelt sich eben dann nur um eine Verbesserung des Vorerbeninventars, nicht um ein eigenes Inventar des Nacherben.

d) Für die Entscheidung der Frage, welche Nachlaßgegenstände der Nacherbe in das von ihm zu errichtende Inventar aufzunehmen habe, müsse ein bestimmter Zeitpunkt maßgebend sein. Gewiß! Als solcher ergibt sich aus § 2144 Abs. 1 Satz 2 in Verbindung mit § 2001 der des Eintritts der Nacherbfolge.[4]) Wenn demgegenüber Strohal behauptet, in diesem Zeitpunkt steht noch nicht fest, was der Nacherbe vom Vorerben erlangen werde und welche Ansprüche ihm gegen den Vorerben erwachsen seien, so sind dem die §§ 2130 ff. entgegenzuhalten.

e) Für die Ermittelung des Daseins und des Umfangs von Ansprüchen des Nacherben gegen den Vorerben und damit zugleich für die Feststellung desjenigen, womit der beschränkt haftende Nacherbe den Nachlaßgläubigern zu haften habe, könne nur ein der Anforderung des § 2001 entsprechendes Inventar die geeignete Grundlage bilden. Ja haftet denn der Nacherbe den Nachlaßgläubigern nur mit den ihm gegen den Vorerben als solchen zustehenden Ansprüchen? Haftet er nicht auch mit dem, was er aus der Erbschaft erlangt hat? Und wie erfahren dies die Gläubiger aus einem dem § 2001 entsprechenden Nacherbeninventar? §§ 2130 ff. helfen doch dem gerügten Mangel ab.

2. Recht und Pflicht des Vor- und Nacherben zur Nachlaßinventur. In erster Linie gelten die allgemeinen Vorschriften der §§ 1993—2013 auch hier.[5]) Das vom Vorerben errichtete Inventar kommt auch dem Nacherben zu statten (§ 2144 Abs. 2).[6]) Beide haben ein selbständiges Haftungs-

[4]) Müller-Meikel S. 582.
[5]) Strohal S. 316.
[6]) Jaeger, Erb.-Haftg. S. 28. Das Vorerbeninventar muß aber ein getreues sein. Vgl. Staudinger S. 437 II 2.

beschränkungsrecht und beiden kommt Recht und Pflicht zur Inventarerrichtung nach den allgemeinen Vorschriften zu.[7]) Der Verlust des Haftungsbeschränkungsrechts durch Inventarverstöße des Vorerben schadet dem Nacherben an sich nicht (§ 2144 Abs. 1 Satz 1);[8]) ist aber das Vorerbeninventar im Sinne des § 2005 Abs. 1 mangelhaft und bleibt der Nacherbe hinsichtlich der ihm bestimmten Inventarfrist auf Grund des § 2144 Abs. 2 untätig, kannte er außerdem die wesentliche Mangelhaftigkeit des Vorerbeninventars, so trifft ihn ebenfalls der Nachteil aus § 2005 Abs. 1.[9]) Ist der Nacherbe in Bezug auf das mangelhafte Vorerbeninventar gutgläubig, so kann ihm zur Ergänzung des Vorerbeninventars eine neue Inventarfrist bestimmt werden (§ 2005 Abs. 2). Nimmt der Nacherbe das Nachlaßinventar des Vorerben gemäß § 2144 Abs. 2 zu seinen Gunsten in Bezug, wissend, daß es im Sinne von § 2005 Abs. 1 mangelhaft ist,[10]) und unterläßt er, die ihm bestimmte Inventarfrist — eine solche kann vom Nachlaßgericht trotz der (mangelhaften!) Inventur des Vorerben gesetzt werden — durch eigene Inventarerrichtung zu wahren, so haftet er gemäß § 1994 Abs. 1 Satz 2 endgültig unbeschränkt.[11]) Eine ordnungsmäßige Inventur des Vorerben schützt den Nacherben vor Verlust seines Beschränkungsrechtes durch Versäumung einer ihm später zu bestimmenden Inventarfrist. Haftet der Nacherbe bereits unbeschränkt, so kommt ihm natürlich § 2144 Abs. 2 nicht mehr zu statten; diese Folge ist in den analogen Fällen der §§ 2063 Abs. 1, 2383 Abs. 2 ausdrücklich vorgesehen. Den Offenbarungseid nach § 2006 hat sowohl der Vor- wie der Nacherbe hinsichtlich des von ihm errichteten Inventars bei Meidung der Folge des Abs. 3 Satz 1 abzuleisten, dasselbe gilt für die Auskunftspflicht nach Maßgabe von § 2005 Abs. 1 Satz 2. Liegt nur ein Inventar des Vorerben vor, das nach § 2144 Abs. 2 zugunsten des Nacherben wirksam ist, so hat dessen Richtigkeit primär der Vorerbe zu beschwören, der Nacherbe nur dann, wenn auch ihm eine Inventarfrist gesetzt werden sollte, der diesbezügliche Antrag aber mit Rücksicht auf das Vorerbeninventar abgelehnt wurde.[12]) Auch hier erhebt sich analog dem Falle einer Erbenmehrheit die Frage: Kommt ein vom Vorerben verspätet gelegtes Inventar dem Nacherben zustatten, wenn diesem eine Inventarfrist noch nicht bestimmt war? Auch hier ist diese Frage zu verneinen, weil § 2144 Abs. 2 ein freiwilliges oder rechtzeitiges Vorerbeninventar voraussetzt.[13])

---

[7]) Mathiaß S. 579; Planck, Komm. S. 479 b; Dernburg, D. b. R S. 179 III.

[8]) Strohal S. 316; Binder S. 212; Müller-Meikel S. 575.

[9]) Staudinger S. 438 vor Anm. 3 hält den guten Glauben für bedeutungslos. Vgl. Strohal S. 316 Abs. 2. Abw. Planck, Komm. S. 478 Erl. 5.

[10]) Dernburg, D. b. R. S. 180 oben.

[11]) Planck a. a. O.

[12]) Einer ausdrücklichen Bezugnahme des Nacherben auf das Inventar des Vorerben (§ 2004) bedarf es nicht, weil § 2144 Abs. 2 kraft Gesetzes wirkt.

[13]) Staudinger S. 437 II 2.

3. Der Nacherbe kann sich dem Vorerben gegenüber auf die Beschränkung seiner Haftung auch dann berufen, wenn er den übrigen Nachlaßgläubigern gegenüber unbeschränkt haftet (§ 2144 Abs. 3). Diese Bestimmung entspricht völlig der Vorschrift des § 2063 Abs. 2; das in § 13 Ziff. 3 Gesagte findet hier entsprechende Anwendung.[14])

Im Falle der Nacherbfolge kommt der von dem Vorerben geltend gemachten Haftungsbeschränkung die Bedeutung zu, daß an Stelle des Nachlasses dasjenige tritt, was ihm von der Erbschaft gebührt (§ 2145 Abs. 2). Haftet er endgültig unbeschränkt, so haftet er persönlich auch dann, wenn der Nacherbe das Haftungsbeschränkungsrecht gleichfalls verloren hat.[15])

§ 15. Verkauf der Erbschaft.

1. Mit dem Abschluß des Erbschaftskaufs haftet der Erbschaftskäufer den Nachlaßgläubigern unbeschadet der Fortdauer der Haftung des Verkäufers (§ 2382 Abs. 1 Satz 1). Für die Haftung des Verkäufers wie des Käufers gelten die allgemeinen Vorschriften über die Beschränkung der Haftung des Erben (§ 2383 Abs. 1 Satz 1). Der Käufer haftet unbeschränkt, soweit der Verkäufer zur Zeit des Verkaufs unbeschränkt haftet (§ 2383 Abs. 1 Satz 2). Demgemäß schaden Inventarverstöße des Verkäufers vor Kaufabschluß auch dem Käufer, der sich aber dadurch schadlos halten kann, daß er bei Kenntnis der unbeschränkten Haftung den Kaufpreis entsprechend mindern, andernfalls aber den Verkäufer zur Gewährleistung wegen eines Mangels im Rechte anhalten wird (§ 439 Abs. 1, Staudinger S. 815 oben), weil hieher auch die Haftung dafür gehört, daß nicht unbeschränkte Haftung gegenüber allen Nachlaßgläubigern oder einzelnen von ihnen eingetreten ist (§ 2376 Abs. 1).[1]) Für die Zeit nach Abschluß des Kaufs bestimmt sich die Art der Haftung des Verkäufers und des Käufers unabhängig voneinander nach den allgemeinen Regeln der §§ 1975—1992, 1993—2013.[2]) Im inneren Verhältnis ist mangels abweichender Parteiabrede der Käufer dem Verkäufer gegenüber verpflichtet, die Nachlaßverbindlichkeiten zu erfüllen, soweit nicht der Verkäufer nach § 2376 dafür haftet, daß sie nicht bestehen. Vermächtnisse, Auflagen, Pflichtteilslasten treffen nach innen nur den Verkäufer, es sei denn, daß sie der Käufer bei dem Abschlusse des Kaufes kennt (nicht auch: kennen mußte!) (§ 2378). Ausgleichungspflichten und Teilungsanordnungen kommen nicht in Betracht, weil sie keine Nachlaßverbindlichkeiten im technischen Sinn des BGB.

---

[14]) Vgl. Jaeger, Erb.-Haftg. S. 29 oben; Strohal S. 319, 4; Binder S. 213, 3.)

[15]) Binder S. 214 und die dort angeführte Literatur.

[1]) Planck, Komm. S. 945 Erl. 8.

[2]) Planck a. a. O.; Cosack S. 780 unten. Beachte aber: KO. § 232. Haftet der Verkäufer beschränkt, so bilden Haftungsobjekte nur die Rückstände der Erbschaft und die Ersatzansprüche der Nachlaßgläubiger gegen den Verkäufer nach §§ 1978—1990.

begründen. Die Haftung des Verkäufers dafür, daß nicht gänzliche oder teilweise unbeschränkte Haftung eingetreten ist, berührt § 2378 Abs. 1 überhaupt nicht, da sie nicht den Bestand von Nachlaßverbindlichkeiten, sondern den Umfang der Haftung für sie betrifft (a. A. anscheinend Staudinger S. 817).

Aus dem Gesagten ergibt sich, daß die Vorschriften über die Inventarerrichtung nach dem Abschlusse des Erbschaftskaufs auf Verkäufer und Käufer in gleicher Weise, aber getrennt voneinander Anwendung finden, so daß das Haftungsbeschränkungsrecht des Käufers fortbestehen kann, auch wenn der Verkäufer es verloren hat e. v. v.[3]) Eine Ausnahmevorschrift enthält indessen § 2383 Abs. 2: „Die Errichtung des Inventars durch den Verkäufer oder den Käufer kommt auch dem andern Teile zu statten, **es sei denn, daß dieser unbeschränkt haftet.**" Die Inventarfrist kann sowohl dem Verkäufer als auch dem Käufer bestimmt werden[4]) und wird beiden gesetzt, wenn der Antrag des Nachlaßgläubigers auf Fristbestimmung nicht erkennen läßt, wem von beiden die Frist gesetzt werden soll. Die Frist läuft jedem von beiden selbständig; Versäumung der Frist durch den einen schadet nur ihm. Freiwillige oder frist- und ordnungsgemäße Inventur des einen schützt den andern, falls er seines Haftungsbeschränkungsrechtes noch teilhaftig ist, vor endgültig unbeschränkter Haftung durch Versäumung gleichzeitig oder später bestimmter Inventarfrist.[5]) Ist das Inventar des einen wesentlich mangelhaft nach § 2005 Abs. 1 und ist auch dem andern eine Inventarfrist bestimmt, die er im Hinblick auf § 2383 Abs. 2 unbenützt verstreichen läßt, trotzdem er die Unrichtigkeit des fremden Inventars kennt, so trifft den säumigen Teil der Nachteil aus § 1994 Abs. 1 Satz 2, weil die ratio legis des § 2005 Abs. 1 die ist, daß ein derartig mangelhaftes Inventar überhaupt nicht als ein rechtswirksames gelten soll, folglich auch nicht geeignet sein kann, dem anderen Teil die eigene Inventarerrichtung zum Zwecke der Fristwahrung zu ersparen (vgl. das oben § 14 Ziff. 2 und § 13 Ziff. 1 Gesagte). Ist der auf das Inventar des andern Vertrauende in bezug auf die Richtigkeit und Vollständigkeit des Inventars in gutem Glauben, so behält er vorderhand sein Haftungsbeschränkungsrecht; es kann ihm aber zur Ergänzung eine neue Inventarfrist bestimmt werden, die er bei Meidung unbeschränkter Haftung selbst wahren muß (§ 2005 Abs. 2).[6]) Der Offenbarungseid des § 2006 kann, wenn Verkäufer und Käufer den Nachlaß verzeichnet haben, von jedem von beiden gesondert gefordert werden;[7]) liegt nur ein Inventar eines von beiden vor, das nach Maßgabe des § 2383

---

[3]) Landsberg S. 1217; Dernburg, D b. R. S. 543 III.

[4]) Landsberg a. a. O.

[5]) Strohal S. 425 vor III.

[6]) Landsberg S. 1218 oben. Im Ergebnis übereinstimmend aber mit anderer Begründung Planck, Komm. S. 953 unten.

[7]) Strohal S. 423, 424.

Abs. 2 dem andern Teile zu statten kommt, so hat zunächst ersterer den Eid zu schwören, letzterer nur dann, wenn auch ihm eine Inventarfrist bestimmt werden sollte, der Fristsetzungsantrag aber wegen des fremden Inventars abgelehnt wurde.[8]) Das Inventar, das dem andern zu statten kommen soll, muß aber, wie schon erwähnt, auch hier, wie in allen ähnlichen Fällen (§§ 2144 Abs. 2, 2063 Abs. 1), ein formgerechtes, rechtzeitiges und getreues sein.

2. Bezieht sich der Erbschaftskauf nur auf den Erbteil eines Miterben (§§ 2033 ff.), so finden auf das Rechtsverhältnis zwischen Verkäufer oder Käufer einer- und den Nachlaßgläubigern andererseits außer den allgemeinen Vorschriften über die Erbenhaftung und den vorstehend entwickelten Rechtssätzen für die Erbenhaftung beim Erbschaftskauf im besonderen auch die Vorschriften der §§ 2058—2063 Anwendung.[9]) Nach außen d. h. gegenüber den Nachlaßgläubigern gelten die §§ 1993—2013, 2058—2063, 2382 und 2383, nach innen d. h. im Verhältnis zwischen Erbteilsverkäufer und -käufer die §§ 2376—2378. Erfolgt die Veräußerung des Erbteils an einen Miterben, so findet § 2007 keine Anwendung (vgl. S. 79).

3. Die Vorschriften über den Erbschaftskauf finden entsprechende Anwendung auf den Kauf einer von dem Verkäufer durch Vertrag erworbenen Erbschaft sowie auf andere Verträge, die auf die Veräußerung einer dem Veräußerer angefallenen oder anderweit von ihm erworbenen Erbschaft gerichtet sind. (§ 2385 Abs. 1.) Erfolgt die Veräußerung der Erbschaft oder eines Erbteils im Wege der Schenkung, so tritt die in § 2376 bestimmte Verpflichtung des Schenkers zur Gewährleistung wegen eines Mangels im Rechte nicht ein; hat er aber den Rechtsmangel arglistig verschwiegen, so ist er dem Beschenkten schadensersatzpflichtig (§ 2385 Abs. 2 Satz 2). M. a. W. der Schenker haftet nicht dafür, daß ihm das Erbrecht zusteht, daß es nicht durch das Recht eines Nacherben oder durch die Ernennung eines Testamentsvollstreckers beschränkt ist, daß nicht Vermächtnisse, Auflagen, Pflichtteilslasten, Ausgleichungspflichten oder Teilungsanordnungen bestehen und daß nicht unbeschränkte Haftung gegenüber den Nachlaßgläubigern oder einzelnen von ihnen eingetreten ist. Hat er aber den Mangel arglistig verschwiegen, so ist er schadensersatzpflichtig.

§ 16. Zugehörigkeit eines Handelsgewerbes zur Erbschaft.

Es ist noch ein Fall zu betrachten, der im praktischen Leben keineswegs selten, wegen seiner einschneidenden Abweichungen von den Regelsätzen aber von besonderer Wichtigkeit ist.

1. Einzelhandelsgewerbe. — Nach § 27 HGB. (vgl. hiezu: Friedrich Meyer, Die Schuldenhaftung des Erben nach § 27 HGB. Dissertation Leipzig 1904) finden, wenn ein zum Nachlasse gehörendes

---

[8]) Auch hier gilt, daß die Berufung auf das fremde Inventar keine ausdrückliche zu sein braucht. § 2383 Abs. 2 wirkt kraft Gesetzes; § 2004 bleibt aber unberührt.

[9]) Planck, Komm. S. 958 Erl. 3; Strohal S. 368.

Handelsgewerbe eines Vollkaufmanns[1]) von dem Erben fortgeführt wird, auf die Haftung des Erben für die früheren Geschäftsverbindlichkeiten die Vorschriften des § 25 HGB. entsprechende Anwendung. Führt hiernach der Erbe das Geschäft unter der bisherigen Firma mit oder ohne Beifügung eines das Nachfolgeverhältnis andeutenden Zusatzes fort, so haftet er für alle im Betriebe des Geschäfts begründeten Verbindlichkeiten des früheren Inhabers endgültig unbeschränkt (§ 25 Abs. 1 Satz 1). § 25 Abs. 2 HGB. findet entsprechende Anwendung, wenn die „abweichende Vereinbarung" zwischen Erblasser und Erben getroffen worden ist. Vgl. über die hierüber mögliche Streitfrage Staub S. 167.[2]) Wird die Firma nicht fortgeführt, so haftet der Erbe für die früheren Geschäftsverbindlichkeiten[3]) nur, wenn ein besonderer Verpflichtungsgrund vorliegt, insbesondere wenn die Uebernahme der Verbindlichkeiten in handelsüblicher Weise von dem Erben bekannt gemacht worden ist[4]) (§ 25 Abs. 3). Führt der Erbe das Handelsgeschäft unter der bisherigen Firma zwar fort, stellt er aber den Betrieb vor dem Ablauf von 3 Monaten nach dem Zeitpunkt, in welchem er von dem Anfall der Erbschaft (nicht notwendig auch von dem Berufungsgrund wie in § 1944 Abs. 2 BGB.)[5]) Kenntnis erlangt hat, wieder ein, so findet § 25 Abs. 1 HGB. keine Anwendung (§ 27 Abs. 2 Satz 1 HGB.), vielmehr gelten dann die allgemeinen Vorschriften des BGB. über die Erbenhaftung.[6]) Ist der Erbe geschäftsunfähig oder in der Geschäftsfähigkeit beschränkt und auch nicht prozeßfähig, außerdem ohne gesetzlichen Vertreter, so wird die gegen ihn laufende 3monatige Frist für die Einstellung des Fortbetriebs des ererbten Handelsgewerbes nicht vor dem Ablauf von drei Monaten[7]) nach dem Zeitpunkt vollendet, in welchem er unbeschränkt geschäftsfähig wird oder der Mangel der Vertretung aufhört (§ 27 Abs. 2 Satz 2 HGB. i. V. m. § 206 BGB.). Ist bei Ablauf der 3monatigen Frist das Recht zur Ausschlagung noch nicht verloren (§ 1944 Abs. 3 BGB.!), so endigt die Frist nicht vor dem Ablauf der Ausschlagungsfrist (§ 27 Abs. 2 Satz 3 HGB.).[8]) Für den Fall einer Erbenmehrheit vgl. Staub S. 155 Anm. 25—27 und Fr. Meyer S. 47 ff.

Aus dem Gesagten folgt:

a) Wird der Fortbetrieb unter der bisherigen Firma nicht rechtzeitig eingestellt, so haftet der

---

[1]) Jetzt auch Staubs Komm. z. HGB. S. 165 Anm. 2; RG. Bd. 55 S. 85.
[2]) Jaeger, Erb.-Haftg. S. 3 IV; Strohal S. 323 I; Böhm, Erbr. S. 423.
[3]) Unbeschadet seiner Haftung nach BGB.; vgl. Fr. Meyer S. 26, 27.
[4]) Dernburg, D. b. R. S. 493 II.
[5]) Boehm, Erbr. S. 422; Staub S. 169 Anm. 20; abw. Strohal S. 323 Anm. 1; Binder S. 215 Anm. 31; zustimmend: Fr. Meyer S. 35, 38.
[6]) Strohal a. a. O.; Mayer-Reis S. 227 Anm. 8; Cosack, Handelsrecht, 7. Aufl. 1909 S. 56 V.
[7]) Staub S. 170 Anm. 21; Fr. Meyer S. 37.
[8]) Jaeger, Erb.-Haftg. S. 4.

Erbe von Anfang an endgültig unbeschränkt für alle früheren Geschäftsschulden. Der Inventarerrichtung kommt in diesem Fall keinerlei Bedeutung zu.[9]) Selbstverständlich aber beeinflußt die gemäß § 27 HGB. eingetretene endgültig unbeschränkte Haftung in keiner Weise die Haftungsbeschränkungsmöglichkeit in bezug auf den übrigen Nachlaß (vgl. dazu Dernburg S. 493 Anm. 1; Binder S. 215 unten; Staub-Stranz a. a. O.).

b) Wird der Fortbetrieb vom Erben gar nicht aufgenommen oder rechtzeitig wieder eingestellt, oder unter einer neuen Firma aufgenommen, so haftet der Erbe für die früheren Geschäftsschulden nur nach den allgemeinen Vorschriften des BGB. über die Erbenhaftung, also vorläufig unbeschränkt, aber beschränkbar. In diesem Fall kommt dem Nachlaßinventar seine im allgemeinen Teile dieser Darstellung entwickelte Bedeutung zu.[10])

2. Handelsgesellschaften. Eine ähnliche Sachlage ergibt sich aus § 139 HGB., auf den wieder § 161 Abs. 2 daselbst i. V. m. § 177 ebenda zurückverweist.[11]) Scheidet unter den Voraussetzungen des § 139 Abs. 1 und 2 HGB. der Erbe eines Gesellschafters einer offenen Handelsgesellschaft innerhalb einer Frist von 3 Monaten nach dem Zeitpunkt, in welchem er von dem Anfall der Erbschaft[12]) Kenntnis erlangt hat, oder innerhalb der etwa längeren Ausschlagungsfrist aus der Gesellschaft aus, oder wird innerhalb der Frist die Gesellschaft aufgelöst oder dem Erben[13]) die Stellung eines Kommanditisten eingeräumt, so haftet er für die bis dahin[14]) entstandenen Geschäftsverbindlichkeiten nur nach Maßgabe der die Haftung des Erben für die Nachlaßverbindlichkeiten betreffenden Vorschriften des BGB. Der Inventarerrichtung kommt dann ihre regelmäßige Bedeutung zu.[15])

---

[9]) Binder S. 215 und die dort in Anm. 30 angeführte Literatur.

[10]) A. A. Makower, Komm d. HGB. 13. Aufl. Berlin 1906 § 27 Erl. IVb; Cosack c. l.; beide Schriftsteller wollen auch in diesem Fall die endgültig unbeschränkte Haftung schon von Anfang an aber unter der auflösenden Bedingung rechtzeitiger Geschäftsaufgabe eintreten lassen. Dagegen zutreffend: Jaeger, Erb.-Haftg. S. 3 IV m. Anm. 11; Mayer-Reis S. 227 Anm. 8; Binder S. 215 Anm. 31; abw. auch: Lehmann-Ring, Komm. d. HGB. Bd. I S. 99. Daß die Fortführung des Geschäfts unter einer neuen Firma auch hierunter fällt, nehmen an: Boehm, Erbr. S. 423; Fr. Meyer S. 21; Hellwig, Vertr. auf Leistg. a. Dritte S. 405 Anm. 844a u. a.; abw. Strohal S. 323 Anm. 2.

[11]) Staub S. 518 ff.; Sames, Die Rechtsstellung des Erben eines Gesellschafters im Falle des § 139 HGB. Diss. Marburg 1903.

[12]) Vgl. oben unter 1.

[13]) Ueber den Fall einer Erbenmehrheit vgl. Staub S 520 Anm. 7.

[14]) Vgl. Binder S. 217 Anm. 41; für später eingegangene Geschäftsschulden haftet er gegebenen Falles nur als Kommanditist.

[15]) Strohal S. 324, 2; Binder S. 217; Boehm, Erbr. S. 426; Sames S. 72.

Tritt aber der Erbe als vollberechtigter Gesellschafter in die o. H. G. ein, so haftet er für alle früheren (für alle späteren so wie so) Geschäftsschulden endgültig unbeschränkt, ohne Rücksicht und Einfluß auf seine sonstige Erbenhaftung.[16]) Der Inventarerrichtung kann dann natürlich keinerlei Wirkung für die Gestaltung der Erbenhaftung hinsichtlich der Geschäftsverbindlichkeiten zukommen.[17])

3. Für die stille Gesellschaft und die Gesellschaft des BGB. sind mangels Sondervorschriften die allgemeinen Grundsätze der Erbenhaftung und damit auch der Inventarerrichtung maßgebend.[18])

---

[16]) Strohal S. 325, 4; Sames S. 53.

[17]) Staub S. 521 Anm. 14.

[18]) Vgl. Strohal S. 323 Anm. 3; abw. Binder S. 218 oben.

III. Teil.

Internationales Privatrecht.

§ 17. Allgemeines.

Spezialliteratur: Niemayer, Das internationale Privatrecht des BGB. Berlin 1901; v. d. Pfordten, Die Behandlung des Nachlasses von Ausländern.

Vom Standpunkte der deutschen Gesetzgebung aus ergeben sich folgende allgemeine Leitsätze für das internationale Erbrecht, soweit die hier zu behandelnde Materie einschlägt.

1. Die Zuständigkeit des deutschen Nachlaßgerichtes. Nach § 73 I FGG. bestimmt sich die örtliche Zuständigkeit des deutschen Nachlaßgerichts nach dem Wohnsitz oder Aufenthalt des Erblassers zur Zeit des Erbfalls, ohne Rücksicht auf die Staatsangehörigkeit des Erblassers (Fuchs, D. RG. ü. d. Angeleg. d. FGG. 1907 S. 208; Josef in BayNotZ. 1909 S. 481). Ist der Erblasser zur Zeit seines Todes Deutscher ohne Wohnsitz oder Aufenthalt im Inlande, so ist das Gericht des letzten inländischen Wohnsitzes oder das von der Landesjustizverwaltung bzw. dem Reichskanzler bestimmte Gericht zuständig (§ 73 II das.). Ist der Erblasser im Zeitpunkt des Erbfalles Ausländer ohne Wohnsitz oder Aufenthalt im Inland, so ist jedes Gericht, in dessen Bezirk sich Nachlaßgegenstände befinden, in Ansehung aller im Inlande befindlichen Nachlaßgegenstände zuständig. Ein Gegenstand, für den von einer deutschen Behörde ein zur Eintragung des Berechtigten bestimmtes Buch oder Register geführt wird, gilt als im Inland befindlich. Ein Anspruch gilt als im Inland befindlich, wenn für die Klage ein deutsches Gericht zuständig ist (§§ 73 Abs. 3 FGG., 2369 Abs. 2 BGB., 21—29 ZPO.).

2. Das anzuwendende Recht.

a) Hat ein Deutscher zur Zeit seines Todes seinen Wohnsitz im Ausland gehabt, so können die Erben — und nur sie — sich in Ansehung der Erbenhaftung auch auf die am Wohnsitze des Erblassers geltenden Gesetze berufen (Art. 24 Abs. 2 EG. z. BGB.), daneben gemäß Abs. 1 a. a. O. auf die deutschen Gesetze (Staudinger VI S. 89 5 A). Für die Nachlaßgläubiger gelten ausschließlich die deutschen Gesetze, soweit sich nicht der Erbe auf das fremde Recht beruft (Art. 24 Abs. 1 und 2). Das Wahlrecht des Erben besteht nur hinsichtlich der Voraussetzungen und Modalitäten der Erbenhaftung, nicht für die Frage der Rechtswirksamkeit einer Nachlaßforderung (Niemeyer S. 173).

b) Ein Ausländer, der zur Zeit seines Todes seinen Wohnsitz im Inland hatte, wird nach den Gesetzen des Staates „beerbt", dem er zur Zeit seines Todes angehörte. Demnach gelten auch hinsichtlich der Erbenhaftung die ausländischen Normen. Erbrechtliche Ansprüche — dazu gehören nicht die vom „Erblasser herrührenden Schulden" (§ 1967 Abs. 2 BGB., Fischer-Henle Art. 25 Anm. 3; Staudinger VI S. 93 Erl. 4a) — können aber von einem Deutschen auch dann geltend gemacht werden, wenn sie nur nach den deutschen Gesetzen begründet sind, es sei denn, daß das Recht des Staates, dem der Erlasser angehörte, das Staatsangehörigkeitsprinzip ausschließlich gelten läßt (Art. 25 Satz 2 EG.).

Abändernde Staatsverträge s. bei Staudinger a. a. O. S. 94. Sind nach dem Rechte des Auslands, dessen Gesetze in Art. 25 EG. für maßgebend erklärt sind, die deutschen Gesetze anzuwenden, so finden diese Gesetze Anwendung (Art. 27 EG.). Art. 24 Abs. 1, 25, 27 finden keine Anwendung auf Gegenstände, die sich nicht in dem Gebiete des Staates befinden, dessen Gesetze anzuwenden sind, und die nach den Gesetzen des Staates, in dessen Gebiet sie sich befinden, besonderen Vorschriften unterliegen (Art. 28 EG.).

c) Gehört eine Person keinem Staate mehr an (StAngG. § 13), so werden ihre Rechtsverhältnisse, soweit die Gesetze des Staates, dem eine Person angehört, für maßgebend erklärt sind (Art. 24, 25 EG.) nach den Gesetzen des Staates beurteilt, dem die Person zuletzt angehört hat, und, wenn sie auch früher einem Staate nicht angehört hat, nach den Gesetzen des Staates, in welchem sie ihren Wohnsitz und in Ermangelung eines Wohnsitzes ihren Aufenthalt zu der maßgebenden Zeit gehabt hat (Art. 29 EG.). Ein bei seinem Tode keinem Staate mehr angehöriger Erblasser, der zuletzt Deutscher war oder, falls er überhaupt nie einem Staate angehörte, seinen letzten Wohnsitz oder Aufenthalt in Deutschland hatte, wird materiell und formell nach deutschem Recht beerbt. Die deutschen Gesetze gelten für die Erbenhaftung und die mit ihr zusammenhängenden Rechtslagen.

d) Die Anwendung ausländischen Rechtes ist jedenfalls dann ausgeschlossen, wenn sie gegen die guten Sitten oder gegen den Zweck des deutschen Gesetzes verstoßen würde (Art. 30 EG.). Besonders letztere Alternative wird nicht selten praktisch werden.

e) Sollte das Ausland auf dem in Frage stehenden Gebiete gegen Deutsche illoyal vorgehen, so könnte der Reichskanzler mit Zustimmung des Bundesrats, aber ohne die des Reichstags, gegen den betreffenden Auslandsstaat sowie dessen Angehörige und ihre Rechtsnachfolger eine Vergeltung ausüben (Art. 31 EG.).

f) Als Richtschnur muß im Zweifel der Satz dienen, daß für alle erbrechtlichen Verhältnisse das Recht des Heimatstaates des Erblassers entscheidet (Niemeyer S. 168; Staudinger VI S. 87).

Vgl. für Württemberg § 45 JMV. v. 14. September 1899 (Amtsbl. S. 210).

§ 18. Bedeutung der Inventarerrichtung im internationalen Erbrecht.

Aus den im vorigen Paragraphen aufgestellten Grundsätzen ergeben sich ohne weiteres folgende rechtliche Konsequenzen:

1. Soweit die deutschen Gesetze maßzugeben haben, müssen die im II. Teil d. D. aufgestellten Rechtssätze für Begriff, Inhalt, Form und Wirkungen der (freiwilligen oder in Erfüllung der Inventarpflicht i. e. S. erfolgenden) Inventarerrichtung, für die verschiedenen Inventarpflichten und die Folgen ihrer Verletzung, für die Ausnahmen von den Inventarpflichten, endlich für die Gestaltung jener Rechte und Pflichten in den in Abschnitt II des vorigen Teiles behandelten Sonderfällen zur Anwendung kommen.

2. Wenn und soweit ausländisches Recht im allgemeinen hinsichtlich der Erbenhaftung entscheidet, bestimmt es auch hinsichtlich der Voraussetzungen, Modalitäten und Wirkungen der Inventarpflichten im besonderen. Es geht deshalb m. E. nicht an, zwischen Bestimmung der Inventarfrist (§§ 1994, 2005 Abs. 2 BGB.) und den übrigen Obliegenheiten des Nachlaßgerichtes innerhalb des Rahmens der §§ 1993—2013 a. a. O. zu unterscheiden, wie dies Niemeyer (in Zeitschr. f. internat. Privat- und öff. Recht XIII S. 55) versucht. Wenn Niemeyer z. B. behauptet, „die Abnahme des vom Erben angebotenen Offenbarungseides (§ 2006) ist mit der Maßgeblichkeit jedes ausländischen Erbrechtes verträglich. Sie hat an und für sich nur den Zweck und die Wirkung einer Klarstellung", so berücksichtigt er m. E. nicht genügend, daß das „Anerbieten" des Eides nach deutschem Gesetz einer Verpflichtung entspringt, deren Verabsäumung, wenn auch nicht quantitativ, dieselben Nachteile auslöst, wie die Versäumung der Inventarfrist (vgl. Josef, DNotV. 1904 S. 217). Dieser Schriftsteller will aus Art. 25 S. 2 EG. unter Berufung auf Staudingers Komm. Anm. 2a zu Art. 25 den Satz herleiten, der Erbe eines ausländischen Nachlasses hafte gegenüber deutschen Gläubigern ebenso wie der Erbe des deutschen Nachlasses. Dieser Standpunkt ist schon oben § 17 2 b abgelehnt und auch von dem in Bezug genommenen Kommentar in seiner neuesten Auflage 1909 Erl. 4a zu Art. 25 EG. aufgegeben worden.

Eine Prüfung der fremden Rechte auf die Anerkennung einer rechtserheblichen Nachlaßinventur ergibt nach Böhm (Handbuch der internationalen Nachlaßbehandlung 1895):

a) Nach französischem Recht erfolgt die Erbschaftsannahme entweder unbedingt, oder unter Vorbehalt der Rechtswohltat des Inventars. Will der Erbe von dem beneficium inventarii Gebrauch machen, so muß er dies auf der Gerichtsschreiberei des Nachlaßgerichts erklären. Der Erbe haftet darauf nur beschränkt, wenn er ein vollständiges Inventar form- und fristgerecht fertigen läßt. Die Inventur selbst geschieht durch den Notar unter Beiziehung der Interessenten. Die Inventur ist gesetzliche Pflicht, wenn der Erbe die Einweisung in den Besitz verlangt und bei Versiegelung des einem Minderjährigen angefallenen Vermögens. Die gesetzliche Inventarfrist beträgt drei Monate von Eröffnung der Erbschaft an. Während weiterer 40 Tage muß sich der Erbe über Annahme oder Ausschlagung der Erbschaft schlüssig machen (vgl. Art. 774 ff. code civil; Böhm a. a. O. S. 258). Ueber Art und Wirkungen der Inventarerrichtung vgl. Art. 793 ff. c. c.

b) Nach italienischem Recht (codice di procedura civile Art. 929—935) erfolgt der Erbschaftantritt unbedingt oder mit beneficium inventarii. Minderjährige und Entmündigte können die Erbschaft nur mit der Rechtswohltat des Inventars annehmen, der Erwerb des beneficium inventarii setzt eine Erklärung des Erben auf der Gerichtsschreiberei des Gerichtes, wo die Erbschaft eröffnet ist, voraus, daß die Rechtswohltat beansprucht werde. Die Benefizialeigenschaft wird aber erst durch eine form- und fristgerechte Inventur erworben. Die Inventarfrist beträgt drei Monate seit dem Erbanfall. Die Inventarerrichtung geschieht durch einen Notar (vgl. Dr. Leone Roncali, Zivilgesetzbuch des Kgr. Italien S. 201 Art. 955 bis 979).

c) Nach spanischem Recht kann der Erbe cum beneficio inventarii die Erbschaft annehmen. Die Erklärung der Inanspruchnahme der Rechtswohltat muß notariell oder schriftlich vor dem Nachlaßrichter erfolgen.

d) Bezüglich des österreichischen und Züricher Rechtes vgl. oben § 15.

e) Das englische Recht kennt keine Gesamtrechtsnachfolge und trennt streng zwischen Mobiliar- und Immobiliarnachlaß. Immer haftet nur der Nachlaß; für besondere Haftungsbeschränkung oder Verlust der beschränkten Haftung ist deshalb kein Raum. Ein beneficium inventarii im römisch-rechtlichen und eine Nachlaßinventur im Sinne des deutschen BGB. ist begrifflich unmöglich.

Anhang.

Muster für ein Nachlassverzeichnis.

Heute am ersten Mai eintausend neunhundert zehn
1. Mai 1910

habe ich, ..., Notar in ...., in der Wohnung des am ....
zu .... verstorbenen .... auf Antrag [1]) des Miterben ....
den Nachlaß des genannten Erblassers in nachstehender Weise verzeichnet.

Festgestellt wurde zunächst:

1. Daß die Miterben [2]) .... vorschriftsmäßig geladen wurden;
2. daß von den Geladenen erschienen sind: ....
3. daß als Schätzer bzw. Sachverständige zugezogen wurden [3]) ......

Die Erschienenen sind dem amtierenden Notar persönlich und als geschäftsfähig bekannt. Der Antragsteller (die anwesenden Beteiligten) wurde zu getreuer Vermögensangabe unter Hinweis auf seine Verpflichtung zur Auskunfterteilung (§ 2003 Abs. 2) und zur Leistung des Offenbarungseids (§ 2006) aufgefordert, worauf er den Nachlaß angab, wie folgt:

I. Nachlaßgegenstände.

1. Bewegliche Sachen.[4])
   a) Bargeld (einschließlich Papiergeld und Banknoten) im Gesamtbetrag von . . . . ℳ .. ₰.
   b) Wertpapiere (Gattung, Nummer, Nennbetrag, Zins-, Gewinn- und Erneuerungsschein) zum Gesamtkurswert von . . . . ℳ .. ₰.
   c) Fahrnis im Gesamtwertanschlage von . . . . ℳ .. ₰.
2. Grundstücke.[5])
   a) Eingetragen im Grundbuch für .... Band .. Blatt-Nr. .. Seite ... Pl.-Nr. ... zu ..... ha; insgesamt (einschließlich Bestandteilen und Zubehör) geschätzt auf .... ℳ .. ₰.
   b) Buchungsfreie Grundstücke (§ 90 GBO.) im Gesamtschätzungswerte von . . . . ℳ .. ₰.
   c) Grundstücksähnliche Rechte (§ 7 GBO., Art. 63, 68, 182, 196 EG. z. BGB.) im Gesamtwertsanschlag von .... ℳ .. ₰.

---

[1]) § 2002 BGB. bzw. auf Weisung des Nachlaßgerichts § 2003 a. a. O.

[2]) Wegen weiterer Ladungen vgl. badische RPO. § 134; für Bayern vgl. § 94 NachlO. v. 20. März 1903.

[3]) Bayern: NachlO. § 97 III.

[4]) Preußen: Köhne-Feist S. 245 unten, Württemberg: JMV. v. 21. Oktober 1899 § 27, Baden: RPO. § 137 Ziff. 8, 138, 145—149; Bayern: NachlO. § 95.

[5]) Württemberg: JMV. §§ 27, 28; Baden: RPO. §§ 139, 148; Bayern: NachlO. § 95 I S. 4.

3. Rechte.

a) Forderungsrechte[6]) (einschließlich Hypotheken, Grund- und Rentenschulden, Bürgschaften) — Schuldner, Schuldgrund, Zins- und Zahlungsbestimmungen — im Gesamtbetrage von . . . . ℳ . . ₰.

b) Dingliche Rechte (ausschließlich Eigentum und der in 2) c) eingestellten Rechte) im Gesamtwerte von . . . . . . ℳ . . ₰.

c) Sonstige Vermögensrechte[7]) (Gesellschafts-, Mitgliedschafts-[8]), Urheberrechte, Rechte aus Versicherungen) im Gesamtwertsanschlag von . . . . ℳ . . ₰[9])

Der Gesamtwert des aktiven Nachlasses beträgt demnach . . . . ℳ . . ₰.

II. Nachlaßverbindlichkeiten.[10])

1. Vom Erblasser herrührende Schulden (§ 1967 Abs. 1 BGB.), samt den für sie haftenden Gegenständen (Faustpfänder sind in I 1 einzustellen) — Gläubiger, Schuldgrund, Zins- und Zahlungsbestimmungen — im Gesamtbetrage von . . . . ℳ . . ₰.

2. Verbindlichkeiten des Erben als solchen (§ 1967 Abs. 2 BGB.; Beerdigungskosten, Unterhaltsansprüche gemäß § 1969 BGB., Pflichtteilsrechte, Vermächtnisse und Auflagen)[11]) im Gesamtbetrag von . . . . ℳ . . ₰.

Die Nachlaßschulden betragen demnach insgesamt . . . . ℳ . . ₰.

III. Abgleichung.[12])

Gesamtwert der Aktiven . . . . ℳ . . ₰.
Gesamtwert der Passiven . . . . ℳ . . ₰.

Reiner Nachlaß . . . . . . ℳ . . ₰.

m. W.

IV. Vereinbarungen der Miterben.[13])

(Samt Anlagen) vom Notar vorgelesen, von dem Beteiligten genehmigt und eigenhändig unterschrieben.[14])

(Siegel) (Unterschriften).

---

[6]) Württemberg: JMB. § 30, Baden: RPO. § 141.
[7]) Baden: RPO. §§ 149, 150.
[8]) Z. B. aus Sterbekassen.
[9]) Ausgleichungsansprüche gehören nicht zu den Nachlaßaktiven; vgl. Württemberg: JMB. § 26, abweichend: Baden: RPO. § 137 Ziff. 8 lit. e), § 143.
[10]) Württemberg: JMB. § 31, Baden: RPO. §§ 137 Ziff. 9, 144 bis 147; Bayern: NachlO. § 95 II.
[11]) Auch güterrechtliche Ansprüche des überlebenden Ehegatten; sowie die Erbschaftssteuer vgl. Staudinger: Komm. Bd. V S. 123.
[12]) Württemberg: JMB. § 34.
[13]) Baden: RPO. § 137 Ziff. 10.
[14]) Genehmigung usw. entbehrlich für Sachsen: § 55 AG. v. 15. Juni 1900.

Sachregister.

(Die Zahlen bedeuten die Seiten.)

Kolibri 360 GmbH
Ferdinand-Jühlke-Straße 7
99095 Erfurt, Deutschland
produktsicherheit@kolibri360.de